AMOR, ORDEM E PROGRESSO

ORGANIZADOR

Ricardo Cury

AMOR, ORDEM E PROGRESSO

Do lema original ao propósito espiritual do Brasil

BAMBUAL
editora

Copyright © 2024 by Ricardo Cury (Organizador)

Grafia atualizada conforme o novo Acordo Ortográfico da Língua Portuguesa de 1990, que entrou em vigor no Brasil em 2009.

Coordenação Editorial
Isabel Valle

Diagramação
Douglas de Oliveira

Preparação Textual
Mariana Gomes

Dados Internacionais de Catalogação na Publicação (CIP)

C982a   Cury, Ricardo

Amor, ordem e progresso : do lema original ao propósito espiritual do Brasil / Ricardo Cury organizador. - 1. ed. - Rio de Janeiro: Bambual Editora, 2024.

248 p. il.

ISBN: 978-65-89138-68-6

1. Relações sociais. 2. Relações sociais - amor. 3. Relações sociais - inclusão. I. Título.

CDD: Ed. 23 – 301

Semias Araújo - Bibliotecário - CRB-2/1225

[2024]
Todos os direitos desta edição reservados à
BAMBUAL EDITORA LTDA
Rua Teófilo Otoni, 54 – Centro
CEP: 20090-070
Rio de Janeiro – RJ
colabora@bambualeditora.com.br
facebook.com/bambualeditora
instagram.com/bambualeditora
www.bambualeditora.com.br

Agradecimentos

Começo agradecendo a Deus, ao Mistério Divino por ter me criado como Eu Sou, e por ter me dado de presente essa função de colaborar com o plano evolutivo de trazer mais consciência, amor e prosperidade para este mundo. Agradeço aos Mentores espirituais que sempre estão nos ajudando de alguma forma.

Desde que comecei esta empreitada de compreender o Propósito Espiritual do Brasil, foram tantas pessoas que cruzaram meu caminho e que me ajudaram nesta compreensão que sinto que reconhecer a importância de cada uma delas e agradecer por elas existirem é o mínimo que posso fazer.

Agradeço infinitamente a minha amiga de longa data Paula Tasca, que foi quem mais me acolheu no momento mais difícil da minha vida e me "empurrou" para o caminho espiritual, e a partir desse empurrão tantas outras pessoas maravilhosas apareceram de forma tão bela e me deram muitos outros empurrões amorosos, me ajudando e me apoiando de alguma forma, como Juliene Darin e Maria José Borelli.

Agradeço a Eledi Zucco por te me apresentado à Maria Silvia Orlovas e agradeço a Maria Silvia por toda a orientação espiritual.

Agradeço a Thiago de Rogattis por ter me levado a roda de meditação e Deeksha.

Agradeço a Inaiá Bittencourt, Adriano Calhau, Narayani e Sumitra por terem me levado até Amma e Bhagavan. Obrigado Renata Sussekind, Leo Guaranys, Sylvia Azevedo, Waldemar Falcão, Rafael Andreoni pelos encontros no coração do Brasil que fortaleceram a minha fé. Obrigado Pedro Paulo Lins, Claudia Zeni, Julia Graeff, Kelly Domingues e Eduardo Pizaroli pela entrega e todo amor durante os seis meses de viagens pelo Brasil. Obrigado Cristie Regine, Pedro Vayu, Marcelo Galvão, Gabriela Jordão, Fernanda Ravanholi, Aline Maiotti, Julio Cesar Lage, Dianelli Geller, Daniel Maia e Isabella Trindade pela devoção ao Brasil.

Obrigado a Filipe Stein por sua alegria e inocência, a Hans Donner por ter dado a visão ampliada da bandeira, Juliano Pozati por sempre acreditar, Padre Omar, Padre Marcos, Mariana Amaral por ter aberto tantas portas, Larissa Lopes que abraçou com todo amor o lançamento do projeto no Cristo Redentor, Fabricio Ahau pelas músicas que tocam o coração, Felipe Kurc por sempre estar comigo nas viagens, filmagens e entrevistas pelo Brasil.

Agradeço a Gustavo Tanaka, Felipe Ispério pelas trocas sinceras. Loraine Cristine por ser uma expressão tão bela do feminino, Luana Ferreira por estar sempre disposta a ajudar, Mariana Hein e Mercê Souza por confiarem sempre. Guilherme Lessa Bastos, Luiz Augusto de Queiroz e a todos da Casa Padre Pio do Rio de Janeiro, Professora Lucia Helena Galvão por sua sabedoria; Maria Paula Fidalgo, Murilo Gun, Nanan, Angelina Athayde, Paula Paze pela amizade, Pedro Ivo Moraes, Eduardo Rombauer, Renata Pinotti, Yuri Levy, Karina Miotto pela irmandade; Monja Coen, Sri Prem Baba, Luiz Gonzaga, Odette Anandi, Paulo de Lucca, Mariana Mattos, Stella Lutterbach, Noara Zanelli, Giselle Leske, Jackson Fadel, Marina Negrisoli, Christian Orglmeister, Ernst Gotsch, João Paulo Pacífico, Maira Irigaray, Alana Rox, Max Tovar, Monica de Medeiros, dr. Paulo César Fructuoso. Agradeço aos amigos argentinos Marcela Borean, Victor Vicedomini e Matias de Stefano por me ajudarem e me lembrar do porque estamos no continente Americano. Agradeço aos momentos inesquecíveis de conexão com Sabrina Vicedomini. Agradeço a amizade sincera e acolhedora da Helen Kieling.

Agradeço a meu amigo mais antigo de infância, Julio Leme, por todas as conversas profundas e por todo o amor e apoio de sempre. Agradeço aos meus amigos Rodrigo Sproesser e Philippe Abud por terem me ajudado a descobrir o verdadeiro significado de perdão.

Agradeço a Dona Francisquinha Shawandawa por ter me presenteado com a medicina Ayahuaska que me revelou o propósito espiritual do Brasil.

Agradeço ao irmão Jonas Felipe, que desde quando nos reencontramos em 2014 sempre confiou plenamente em nosso propósito e por sempre estar ao meu lado nos momentos bons e também difíceis.

Agradeço a todo o Povo Huni Kuin e Yawanawa, especialmente aos Pajés Txanã Ixã e Txaná Kixtin, e ao Cacique Biracy e a Puttany por terem ido a minha casa e me ensinado que a reconexão com a Mãe Terra é a solução para o Brasil.

Agradeço a Isabel Valle, da Bambual Editora, por ter confiado nesta missão, e a Mariana Gomes pela edição e revisão amorosa do texto. A Daniel Borges, da Agência Halmá, pela capa.

Agradeço aos meus Mestres indianos Sri Amma e Sri Bhagavan, Sri Preethaji e Sri Krishnaji, e a todos os professores da Oneness University - Ekam por terem me ajudado a me lembrar de quem Eu Sou e do meu propósito divino.

Agradeço Arthur Simón, José Neto Trigueirinho, Marcelo Rosenbaum, Chandra Lacombe. Agradeço Rosangela Moraes e Mariany Teixeira por todo apoio terapêutico.

Eduardo Abib e Fabiano Câmara da Verde Nativo por tantas árvores doadas e plantadas que ajudam a regenerar o Brasil.

E finalizo agradecendo a toda minha família e ancestralidade, especialmente a minha mãe Lilian, meu pai Fernando, meu irmão Marcelo e meus avós (Mário, Bibe, Moma e Momo), que não estão mais aqui, por terem me dado todo o suporte e amor necessários para que pudesse ser quem Eu Sou hoje. Agradeço por sermos tão diferentes, pois foi nessa diferença que descobri o amor incondicional.

Sumário

Agradecimentos 7

Prefácio 13

Introdução 19

PARTE 1 - POR QUE INCLUIR O "AMOR" NA BANDEIRA DO BRASIL? 25

1. Qual é o propósito deste livro? 27
2. Os traumas do inconsciente coletivo do Brasil 32
3. Crenças distorcidas sobre dinheiro e progresso 37
4. Como acessar a Conexão Espiritual? 44
5. O propósito espiritual do Brasil, o coração do mundo 48
6. Autoconhecimento: a chave para curar as feridas abertas da colonização 57
7. Brasil: indígena por essência, feminino por princípio 62
8. Sonhar um novo Brasil 66
9. O ativismo como uma carta de amor ao Brasil 69
10. A importância de resgatar o "amor" na bandeira 72
11. A projeção da bandeira do Brasil no Cristo Redentor 77
12. O profundo significado do Hino Nacional 81

PARTE 2 – O QUE O AMOR FARIA? 89

13. O que o amor faria por nossa relação com a floresta amazônica e com os povos originários? 93
14. Como seria nossa relação com a agricultura se houvesse amor? 101
15. Com seria a ocupação da Terra se houvesse amor? 106
16. Como seria se houvesse amor na criação das crianças? 111
17. O que o amor faria no nascimento? 116
18. Como o amor incluiria a diversidade LGBTQIAP+? 123
19. Como o amor lidaria com a morte? 132
20. O que o amor faria pelo povo negro 136
21. O que o amor faria na educação? 148
22. O que o amor faria na economia e nas empresas 153
23. Amor, um caminho para a sustentabilidade 156
24. Exemplo de empresa do novo mundo 162

25. O que o amor faria na política? 169
26. O amor em ação: as virtudes da alma brasileira.................... 173
27. O que o amor faria nas religiões e na espiritualidade? 178
28. Como seria a medicina se houvesse conexão espiritual e amor? 184
29. A visão filosófica do lema "Amor, Ordem e Progresso"
para o Novo Mundo 192
Conclusão 198
Sobre o organizador... 202

PREFÁCIO

Por **Jonas Felipe Eler**

Este é um livro que se propõe a falar de amor, de inclusão, por isso, peço perdão desde já pelo tom duro, talvez até agressivo de minhas palavras, mas assumo a responsabilidade de dizê-las, como brasileiro e história viva, cultural e genética, daquilo que irei expor. Digo isso pois carrego em minha constituição a história do nosso país, da "índia" pega no laço pelo português, da cabocla descendente de escravos que se casou com o alemão; do imigrante que veio ao Brasil morar em terras de onde povos originários foram escorraçados pelo governo.

A minha escrita é, antes de mais nada, um grito! Um grito de um brasileiro que descobriu, em sentido existencial, o valor inimaginável dos povos originários do Brasil somente depois de adulto. Que, ao entrar em contato com as raízes nativas desta terra, foi transformado, e ao mesmo tempo tomado por uma profunda angústia: como eu não soube antes que isso existia? Por que eu não tive acesso durante a infância às nossas próprias raízes culturais? Onde foi parar toda essa riqueza? Onde está nossa memória?

Ao escrever o texto, ardente, dou vazão a essa voz que me atravessa, e que certamente expressa a voz de muitas outras pessoas brasileiras. Estou aqui para manifestar, quase como uma purgação, aquilo que por anos me dói na alma. Não há nada da civilização que possa curar essa dor espiritual: é algo da raiz.

Como descendente majoritário de europeus brasileiros, me sinto no direito, e também no dever, de proferir essas palavras e realizar essa (auto)crítica para com o legado colonial, histórico e cultural de meus ancestrais. Agradeço muito por esse legado, afinal, sem o colossal esforço desses bravos europeus eu não estaria aqui, mas não posso mais me calar. Como representante dessa gente e também brasileiro misturado, dou voz a esse manifesto.

Talvez nada retrate tão bem o que significa a exclusão da palavra *amor* da bandeira brasileira quanto o processo histórico de exclusão dos povos originários na formação do Brasil.

O advento e o progresso da jovem nação brasileira, liderada por grandiosos homens pequenos, supostos cristãos, mas aparentemente desconectados do amor de Cristo, parece-me, desde a fundação, uma subversão da ordem natural e ancestral da vida. Algo que se expressa pelo total desrespeito a quem veio antes, às pessoas que literalmente cultivaram uma parte imprescindível da história do mundo.

A história dos povos originários das Américas não foi escrita, mas sim plantada, é uma história ambiental. Grande falácia é a de que a maior biodiversidade de plantas do planeta fora apenas obra do acaso! É sabido por pesquisadores contemporâneos que as Américas foram, literalmente, cultivadas durante milênios pelos povos indígenas. Tais cultivos, da batata, do milho e do cacau, por exemplo, foram levados a Europa e lá determinaram a segurança alimentar e a cultura gastronômica por séculos a fio. Tais cultivos, de fato, mudaram o mundo.

Como de costume, nada disso é reconhecido. Aos colonizadores, todos os louros, e aos povos por eles usurpados, o esquecimento. Os europeus, como se fossem porta-vozes de toda humanidade, contaram uma história de mentira, onde milhões de pessoas, milhares de culturas inteiras foram reduzidas a nada; para que pudessem ser "descobertas e iluminadas" pelos pretensos avatares da civilização.

Nunca houve descobrimento algum do Brasil ou da América, o que foi revelado na verdade foi o próprio caráter dos descobridores. Uma verdade sinistra que fora ocultada da história, por eles mesmos, mas que se perpetua de forma trágica nas desigualdades e tragédias sociais e ambientais dos países colonizados.

Para quem já teve acesso às cartas dos navegantes europeus do século XV, fica claríssimo o viés através do qual eles viram essa terra. Como um paraíso de riquezas e belezas inigualáveis, uma fruta madura esperando para que lhes enfiassem os dedos gananciosos. O equívoco em suas percepções já se plasmou na forma geograficamente ignorante como definiram os nativos.

Foi, desde o primeiro momento, já na palavra "índio", que o (des)entendimento a respeito dos povos originários das Américas começou a ser construído pelos homens europeus. Em parte, porque eles mesmos eram cheios daquilo que chamavam de pecado e demonizavam; mas também porque eram incorrigíveis egocêntricos e gananciosos. Queriam um mundo só para eles: um mundo miserável e pecador para reinarem.

Chegaram aqui perdidos, doentes no corpo e na alma e, desde os primeiros contatos, projetaram toda sua insanidade e corrupção sobre os povos nativos daquele paraíso que "descobriram". Ora os idealizaram, como 'adãos e evas' no Éden, ora os demonizaram, mas certamente nunca os viram, apenas projetaram suas psicologias torpes sobre tais pessoas.

Na prática, apenas, sistemática e progressivamente, os usurparam de tudo. Inclusive do direito de serem originários, dando início, assim, a um processo histórico que nos prende até hoje a uma dinâmica de sermos uma colônia. O propósito europeu para nossa terra, que ainda ecoa no fundo do coração de grande parte da população, sempre fora ser o quintal de um império católico, para os europeus o explorarem. Nunca o propósito originário, vigente a milênios, fora minimamente considerado em nossa história.

Como podemos prosperar se somos, até hoje, pensantes e produtores de uma nação que se desconhece a ponto de não saber quais são suas verdadeiras causas?

O Brasil se tornou uma nação de passividade, onde não se luta pelo propósito de ser Brasil. De fato! A busca, há séculos, é para que sejamos uma gente usurpada, para que tenhamos à frente de nós um homem, de quilate europeu-ocidental, que venha nos conduzir a falência e a anulação do que realmente somos enquanto gente, gene, natureza e cultura.

Não é uma coincidência que não conseguimos perceber nosso real valor. Não é à toa que costumeiramente vemos o Brasil como um potencial, cheio de riquezas inestimáveis, mas que nunca se torna uma potência. Como podemos pensar no florescimento de nossa nação se ignoramos e maltratamos as próprias raízes?

Há mais de quinhentos anos, os povos nativos desta terra brasileira são excluídos de seu direito inexorável de serem parte da construção do Brasil.

O conhecimento que temos sobre os povos originários se resume à velha imagem do indígena de cocar e arco e flecha. À velha história das palavras incorporadas em nossa língua portuguesa e às vagas noções de dança de roda e costumes, como tomar banho todo dia. É como uma caricatura, ou uma peça de museu, ou um objeto de idealização que nos mantém bem longe da realidade humana e absolutamente relevante dessa gente para nós.

Pensar no florescimento do Brasil sem olhar para como os povos originários do Brasil têm sido percebidos e tratados, pelos próprios brasileiros, é como pensar em uma planta prosperar sem suas raízes. É uma ideia absurda que nos relega a ser uma planta falsa, uma samambaia de plástico, ou então uma planta débil que não se desenvolve.

Do ponto de vista antropológico, quem conhece mais os povos indígenas brasileiros são os próprios europeus; supostas pessoas de conhecimento que, dessa vez, os tratam como objeto de estudo. Basta procurar livros, pesquisas, documentários e fica claro. Muitas dessas obras nem sequer estão em português. São referências para sua própria comunidade acadêmica inacessível, tanto aos povos que são objeto de sua busca, como à população leiga em geral.

Afora nichos acadêmicos e poucas regiões isoladas nos sertões brasileiros, não se encontram pessoas que falem os idiomas, que conheçam as histórias, que pratiquem os ritos ou mantenham sabedorias orais e culturais dos povos originários do Brasil. É praticamente impossível encontrar algo que transcenda os estereótipos.

Quando adentramos as cidades de nosso país encontramos, exclusivamente, monumentos e homenagens aos homens que sabidamente foram genocidas dos povos originários. Raposo Tavares, Fernão Dias, Borba Gato, entre tanto outros, são prestigiados como heróis construtores do Brasil. Devemos admitir que isso é, em parte, verdadeiro, mas também não se pode mais negar que esses homens foram destruidores vorazes de nossas raízes. Foram todos eles a expressão do progresso de um Brasil, que excluiu o amor, que massacrou e escravizou quem já estava aqui antes.

Foram pessoas que, ao melhor modelo europeu, sistematicamente destruíram não somente essas populações, mas a noção de que eles são seres humanos. É amplamente conhecido que a igreja católica e outros arquitetos do colonialismo europeu atuaram intensamente para destituir de humanidade as populações nativas das terras onde queriam reinar. Geralmente, faziam isso dizendo que não tinham alma, que eram almas demoníacas que precisavam ser salvas, ou ainda que eram simplesmente raças inferiores intelectual e moralmente.

Por séculos e séculos, os povos originários foram sendo objeto desse processo de desumanização. E uma das formas mais claras é a destruição sistemática de seu legado cultural; de suas línguas, mitologias, simbologias; de suas formas de viver, de morrer e de educar seus filhos.

Quando se destitui uma população do direito de ser humana, abrem-se as portas para toda sorte de massacre e crueldade; que a partir disso pode ser realizada em nome do progresso humano. Essa é uma estratégia antiga e conhecida de todas as civilizações que massacram populações menos capazes de conter sua expansão. Aqui não foi diferente.

Nós, brasileiros, não cultuamos heróis indígenas; na realidade não sabemos nem quem são. Andando o país afora, sem muito esforço e pesquisa, é muito difícil que encontremos tais referenciais, nós simplesmente não sabemos quem foram os seres humanos que viveram milênios de forma próspera e integrada à magnífica natureza dessa terra.

Paremos um pouco para refletir. A civilização ocidental tem cerca de cinco mil anos, enquanto as populações ameríndias tem, pelo menos, dez; muitos arqueólogos apontam até para quinze mil anos de habitação contínua das Américas. É simplesmente impossível que, em tantos milênios não tenham vivido em nossa terra pessoas extraordinárias que mereçam ser lembradas como fonte de sabedoria e inspiração.

É simplesmente absurdo que todo esse legado seja resumido a palavra "índio." Onde está nossa memória? Onde está esse pedaço de nossa alma?

Apesar de toda desgraça de nossa história, vejo que ainda temos uma grande oportunidade nas mãos. Todo o atraso de desenvolvimento econômico nos abre uma possibilidade de crescimento diferente dos países europeus e norte-americanos. Nós aqui, no Brasil, podemos contribuir com a civilização apresentando um caminho diferente do modelo ocidental em que desenvolvimento significa usurpação, massacre e destruição ambiental.

Não somos um país colonizador, não somos ultraindustrializados, ainda há por aqui muita natureza preservada e centenas de culturas ancestrais milenares. Somos a nação mais miscigenada do planeta, onde não se mata por religião, onde não vivemos guerras sangrentas com nossos vizinhos. Somos, de fato, um país rico de humanidade e natureza.

A insistência no modelo colonial, europeu e norte-americano, é precisamente o caminho de nossa anulação. Devemos olhar para nossas raízes enquanto há tempo, não podemos depender de governos e instituições para isso. Essa é uma responsabilidade de cada brasileiro que carrega esse legado histórico e genético. É nesse resgate que vejo esperança para nosso futuro.

Precisamos ouvir mais os povos originários, nos curarmos dessas feridas ancestrais com ajuda deles. Essa integração é algo urgente, da qual pode nascer uma nova possibilidade para nós. Em mais de uma década convivendo com eles, algo ficou claro para mim. Eles nunca foram consultados sobre o que pensam do Brasil, mas, se abrirmos nossas mentes e corações, veremos que eles têm uma grande sabedoria a nos oferecer. Eles também amam essa terra.

Nesse mundo de progresso tecnológico, o ser humano vem se perdendo e já não sabe mais o caminho de volta; está enlouquecendo. Nossa civilização tem praticamente todos os poderes sobre as coisas, mas as pessoas têm cada vez menos o poder de estarem tranquilas e felizes. O progresso sem amor está colocando a humanidade em extinção.

É a partir dessa constatação que o mundo começará a perceber que os povos originários são os guardiões daquilo que há de mais fundamental ao ser humano: a humanidade. Quem os conhece sabe, eles podem carecer de todo progresso material, mas são totalmente estabelecidos na ordem. Eles podem parecer menos sofisticados do que as pessoas da cidade, mas são imensamente mais maduros do que nós a respeito do essencial da vida; eles são amorosos naturalmente. Temos muito a aprender com as culturas ancestrais.

INTRODUÇÃO

Líderes para um novo mundo

O Amor é o que nos torna verdadeiramente humanos. Nesses tempos críticos, onde vemos tantas ações que vão contra o amor, contra a humanidade e a natureza, precisamos de líderes que deem o exemplo, que saibam que o amor é a única solução, assim como diz o hino nacional: "Brasil, de amor eterno seja símbolo". Líderes que compreendam que somente uma mudança radical, uma revolução, será capaz de salvar a humanidade dela mesma.

A revolução a que me refiro não é externa, como foi a revolução industrial, por exemplo. Mas é interna, deve acontecer na consciência de cada ser humano. É o despertar da Consciência Amorosa.

Este livro incluirá o amor

A intenção deste livro é esclarecer e comunicar a missão e o propósito espiritual do Brasil. É inspirar o povo brasileiro, para que se sinta parte desta missão, principalmente aqueles que, em posição de poder, causam enorme impacto em nossa sociedade.

Este livro não pertence a nenhuma religião porém é profundamente espiritual, e todas as pessoas – de qualquer crença ou mesmo sem crença alguma – podem lê-lo. Aqui, pretendemos inspirar uma expansão de consciência, para que se compreenda que sem *amor* nunca teremos *ordem* e muito menos *progresso*.

É, também, um livro apartidário. Não sou defensor de direita, esquerda ou centro, sou apenas alguém que preza por coerência entre pensamentos, sentimentos, palavras e ações amorosas. Uma vez, escutei do Filósofo das ruas Eduardo Marinho, que ele não é de direita, de esquerda, nem centro, é para a frente. Me identifico com a fala, pois esta é uma visão amorosa, que transcende a polarização que tem feito tanto mal a nossa sociedade. Ser para a frente é ter um olhar de cima, mais neutro, que prioriza o *todo*, pois não se pode excluir nenhuma das partes. Todos são importantes.

A palavra "partido", em si mesma, já demonstra um problema: estamos "partidos", divididos por dentro e por fora. É a falta de amor que nos separa tanto, e a separação é a causa raiz de todo sofrimento. O amor não parte, não divide. O Amor integra, abraça, inclui, nos envolve e nos une.

Por isso, defendo que é preciso incluir o amor na bandeira do Brasil. Não se trata de defender o positivismo, filosofia de Auguste Comte que inspirou o lema "Ordem e Progresso". A frase original de Comte dizia: "Amor por princípio de todas as coisas, Ordem por base e Progresso por fim". Portanto, seu pensamento foi utilizado de maneira incompleta na bandeira do Brasil. A frase original de Comte será utilizada como uma bússola para este livro, pois foi inicialmente escolhida para estar na bandeira e reger a nação brasileira. Me parece incoerente que tenhamos no hino nacional "Brasil, de amor eterno, seja símbolo", mas não termos o *amor* registrado na bandeira, seu principal símbolo.

Este livro é um convite para percebermos que a falta de amor em nossa sociedade e em nosso cotidiano é o que nos mantêm presos às mesmas histórias coletivas e dramas do passado que ainda geram miséria, violência, desigualdade e sofrimento.

A ideia de incluir o *amor* pelo Brasil e em nossa bandeira não é apenas minha. Com a ajuda de outras pessoas apaixonadas por esta terra, fui inspirado a trazer reflexões sobre este tema tão importante e divulgá-lo. Quando resolvi escrever este livro, compreendi que minha função é a de facilitador e organizador dessas ideias. Me sinto como um dos guardiões deste projeto que precisa se materializar em algum momento como um processo de reparação histórica.

Durante o processo, descobri que outras pessoas já tentaram trazer à tona este assunto, entre elas políticos conhecidos como Eduardo Suplicy e Chico

Alencar, porém não foram bem acolhidas... ou talvez não fosse o momento mais adequado. Conheci Eduardo Rombauer e Maria Paula Fidalgo, que vêm trazendo este tema já há alguns anos. Em 2021, o cantor Emicida também compartilhou algo muito importante sobre isto em uma entrevista, no momento crítico da pandemia da Covid-19:

> Acredito que o amor precisa voltar para o centro da bandeira nacional, essa é nossa urgência número um. Estamos aqui por causa do ódio e todas as pontes que ele destrói. Quem vai construir qualquer coisa a partir de agora vai ser o extremo oposto disso e ai a gente está falando de amor.[1]

Nacionalismo e consciência coletiva do Brasil

Vale ressaltar que o Brasil não passou a existir há quinhentos e poucos anos. A ideia de descobrimento da nação foi criada por conta dos interesses políticos e econômicos de um pequeno e exclusivo grupo de homens. O Brasil nunca foi descoberto. Ele já existia com a presença de povos originários, massacrados por falta de amor.

Apesar de todos os absurdos ocorridos no Brasil desde o nascimento da ideia de nação brasileira, existe um aprendizado que precisa ser compreendido. Esse aprendizado a que me refiro também pode ser chamado de propósito da consciência coletiva do Brasil. Isto não é algo que estou criando, está muito bem escrito em nosso Hino Nacional: "Brasil, de amor eterno seja símbolo".

Me parece que a maioria das pessoas nunca prestou atenção em tais palavras. O ensino brasileiro, público ou privado, nunca nos instigou a pensar ou contemplar o significado desta frase que contem a *chave* para a solução de *todos* os nossos problemas.

O povo brasileiro está tão desconectado das próprias raízes que não honra as palavras do hino, pois nunca respeitou aqueles que estavam aqui antes, os povos originários. Sem esse respeito é impossível ter Ordem e Progresso. Como

---

1 Você pode ler a material completa em "Emicida: 'O amor precisa voltar para o centro da bandeira nacional'". *Marie Claire*. 27 jun. 2021. Disponível em: https://revistamarieclaire.globo.com/Cultura/noticia/2021/06/emicida-o-amor-precisa-voltar-para-o-centro-da-bandeira-nacional.html. Acesso em: 14 out. 2024.

podemos ser o símbolo do amor eterno se desde o começo da história da nação temos feito tudo ao contrário do que o amor faria?

Vivemos em tempos de ignorância, intolerância, medo e caos. Um dos principais motivos para isso é que a falta de amor segue se repetindo. Os povos originários continuam sendo desrespeitados e massacrados, os negros ainda são excluídos e sofrem com racismo, mulheres são inferiorizadas, pessoas LGBT-QIAP+ são assassinadas diariamente, e a Mãe Terra continua sendo explorada e maltratada.

Nós não temos respeitado nem nossa própria Constituição, que diz no Art. 3º:

> Constituem objetivos fundamentais da República Federativa do Brasil:
> I - construir uma sociedade livre, justa e solidária;
> II - garantir o desenvolvimento nacional;
> III - erradicar a pobreza e a marginalização e reduzir as desigualdades sociais e regionais;
> IV - promover o bem de todos, sem preconceitos de origem, raça, sexo, cor, idade e quaisquer outras formas de discriminação.

Um dos principais motivos para tanta incoerência é a frase do maior símbolo nacional, que é a bandeira, estar incompleta. Além disso, há um outro ponto relevante: a faixa branca está descendo. Como o "progresso" pode estar indo para baixo? Não faz sentido. Acredito fortemente no poder que a palavra e os símbolos têm no inconsciente coletivo.

Tantas atrocidades que acontecem neste país são por falta de consciência e de valores baseados no *amor*. Este livro apoia o *despertar* da consciência de líderes do novo mundo. Parece utópico, mas o Amor é a única solução. O "velho mundo" que ainda está aí, está cheio de ódio, de guerras, de separação, de competição, de violência e de medos de todos os tipos. O novo acontece a partir do momento em que escolhemos amar e fazer a diferença positivamente.

Neste livro, resgataremos o significado de frases impactantes do hino nacional como:

Fulguras, ó Brasil, florão da América
Iluminado ao Sol do Novo Mundo!

Será que o Brasil é o lugar onde a luz da consciência se expande e nos permite sonhar uma nova realidade?

Brasil, um sonho intenso, um raio vívido.

Sim, precisamos sonhar todos os dias com o amor sendo o fio condutor de nossas ações.

Verás que um filho teu não foge à luta.

Lutar sem perder o amor

Sim, teremos que lutar, não com ódio e violência, mas com amor. Lutar com amor não significa deixar de se indignar com violências, mas deixar de perpetuar o ciclo de vingança, persistir na luta com firmeza. Lutar com amor é proteger esta Mãe Gentil que é o Brasil e que nos dá tudo. Este é o chamado!

O Brasil é um lugar muito próspero por natureza, onde há uma enorme concentração de recursos naturais e um clima apropriado para acolher a humanidade. Temos a maior floresta do mundo, os dois maiores aquíferos do planeta, uma biodiversidade enorme... Mas infelizmente temos acreditado que somos pobres, com isso, criamos e permitimos a miséria. Inconscientemente, ainda carregamos muitas feridas ancestrais da história. É preciso encarar essas feridas para curá-las.

Com tantos desafios, como podemos ser o símbolo do amor eterno? Precisamos descobrir isso juntos, fazendo algo diferente do que já foi feito. Este algo diferente é o *amor*. O Amor é o único caminho para vencer esta luta, porque ele não guerreia, ele transcende.

Este livro é uma convocação para as almas que sentem que o Brasil precisa ser amado e cuidado, pois aqui é o coração do mundo. Por mais difícil que seja de acreditar, o Brasil tem uma missão que precisa se tornar realidade para colaborar com toda a evolução da humanidade. Precisamos voltar a sonhar com um mundo mais justo e amoroso.

De acordo com o livro *Brasil, Coração do Mundo, Pátria do Evangelho*, publicado pela FEB Editora em 1938, psicografado por Chico Xavier – um dos maiores brasileiros de todos os tempos – Emmanuel diz:

> Se outros povos atestaram o progresso pelas expressões materializadas e transitórias, o Brasil terá sua expressão imortal na vida do espírito, representando a fonte de um pensamento novo, sem as ideologias de separatividade e inundando todos os campos das atividades humanas com uma nova luz.

Você quer ajudar a cumprir com esta missão? Então abra seu coração!

Ricardo Cury

PARTE **1**

Por que incluir o **"Amor"** na Bandeira do Brasil?

1. Qual é o **propósito** deste livro?

Começo a escrever definitivamente este livro no primeiro dia da Copa do Mundo da Rússia, em 2018, um dia de clima frio, mas quente de esperança. Era perceptível a mudança na energia coletiva apenas por conta do início da Copa do Mundo.

Por que o povo brasileiro perdeu, ou nunca desenvolveu, a capacidade de amar o lugar em que vive? Por que falamos tão mal de nós mesmos, achando que o que é de fora é melhor? Por que somente durante uma partida de futebol temos orgulho de ser quem somos? Por que continuamos patinando nas mesmas crises, com os mesmos problemas? Por que em um país onde o lema é Ordem e Progresso, onde há a maior concentração riquezas naturais do mundo, há tanta dificuldade de prosperar?

Como podemos colaborar para que o Brasil desperte para sua missão, que nesse momento parece que está tão distante, mas está descrita em nosso Hino Nacional: "Brasil, de amor eterno seja símbolo"?

A maior parte das pessoas está acostumada, mas, ao mesmo tempo, cansada de ver sempre as mesmas estatísticas de aumento de violência, casos de corrupção, crises financeiras, polarização política e insegurança generalizada. Um profundo pessimismo tem se espalhado como um vírus que parece não ter cura.

Este livro nasce para trazer não somente uma mensagem de esperança, mas para mostrar que a solução existe e está mais próxima do que imaginamos: ela reside dentro de cada brasileiro. Este livro é uma semente que aos poucos irá germinar no coração de cada um que estiver disposto a ser um símbolo do amor eterno.

Sejamos símbolos do amor eterno

Escutei uma vez do cientista e escritor Sidarta Ribeiro que existe uma necessidade de cura para o trauma coletivo, e para atender a ela precisamos reconhecer a urgência do momento. Por isso precisamos de símbolos do amor eterno, exemplos reais de pessoas que colocam o amor em ação.

Cada um é responsável por impactar positiva ou negativamente este mundo, não somente aqueles que exercem papéis grandiosos na política ou em empresas. Todos nós temos poder de influência, principalmente com o avanço da tecnologia, por meio da qual qualquer um pode compartilhar ideias livremente.

São muitas as frentes que precisam se unir, e não precisamos esperar pelo governo para começarmos essa união. É necessário um ativismo consciente, com a criação de novas políticas públicas amorosas. Precisamos, principalmente, de uma massa crítica de pessoas vivendo e sendo o amor para que essa atitude impacte a consciência coletiva e toda sociedade.

O que significa viver o amor?

Será que estou sendo símbolo do amor eterno ou estou sendo símbolo de discórdia, desunião, separação? O amor não se sente superior a ninguém. Mas hoje, em nossa sociedade, existe uma doença normalizada chamada *competição*, que nos leva ao egoísmo e a todas as formas de divisão que causam inúmeros tipos de sofrimento.

Este livro vem para estimular o despertar de uma nova consciência no povo brasileiro, com novas ideias e pensamentos, para que possamos crescer como seres humanos e colaborar com o despertar da missão espiritual do Brasil.

Eu mesmo, quando percebi a intenção deste livro, pensei: "Nossa, que arrogância? Você acha que tem esse poder?" E em meu diálogo interno, a voz de meu Eu Superior se sobressaiu dizendo: "Você não tem o poder de mudar o Brasil, mas as palavras e ensinamentos transmitidos através de você podem ter, sim, essa intensidade, pois pertencem à inteligência amorosa universal, que é de *todas as consciências*, e não pertencem à nenhuma religião ou pessoa específica."

Todos que estiverem abertos irão receber estas palavras no coração e sentirão esta possibilidade real a partir delas. As pessoas sentirão o *chamado* para colaborar com a realização do propósito espiritual deste território que acolhe pessoas do mundo inteiro.

Viver o amor é viver em *unidade* com todos os seres vivos, é colaborar com a evolução de toda a vida.

Fonte do conteúdo deste livro

Este livro foi escrito por meio de diferentes inspirações. Alguns textos foram escritos em momentos em que fui arrebatado por um estado de conexão com a presença divina em meu coração, em que realmente me tornei canal das informações, ou seja, de forma intuitiva, pois quando as li não podia acreditar que "eu" havia escrito aquilo. Esses momentos vieram com tal força, com tanto amor, que era impossível parar o que eu estava recebendo. Outras partes do livro são compreensões que tive ao longo do tempo, outras são textos, entrevistas e experiências de inúmeras pessoas brasileiras e estrangeiras, apaixonadas pelo Brasil.

Crise de consciência

É fato que vivemos uma profunda crise em todos os setores da sociedade, não somente no Brasil, mas em todo o mundo. Para o Brasil mudar, os brasileiros precisam mudar. Todos somos responsáveis pela situação atual, principalmente os líderes de todos os setores da sociedade.

A crise não é política e nem econômica, é uma crise de consciência que está acontecendo dentro de cada ser humano, dentro de cada família, de cada país, e essa crise se manifesta como violência, corrupção, fome, miséria e catástrofes naturais.

Quando pensamos que o problema do mundo é a má distribuição de renda, precisamos perceber que a desigualdade e a pobreza são sintomas do baixo estado de consciência, da falta de sabedoria de que todos nós estamos interligados. Nos falta a cosmovisão que os povos originários têm há tantos milhares de anos.

Cada um de nós tem o poder de fazer a diferença. Não podemos achar que somos para sempre vítimas do destino e nem reféns de um sistema falido e em constante decadência. A informação contida neste livro visa a colaborar com a desconstrução do sistema atual, pois a transformação da sociedade está, principalmente, nas mãos de políticos, economistas e empresários, mas também nas de todos nós. Por menor que seja seu papel na sociedade, todos nós somos responsáveis por ela. O tempo inteiro estamos influenciando o Todo, e o Todo está nos influenciando.

Se analisarmos friamente o momento atual, parece mesmo que não há solução, e se continuarmos olhando para todos os problemas a partir do mesmo baixo estado de consciência[2] em que estamos, de fato não encontraremos solução. Somente conseguiremos resolver esse problema se o nível de consciência de cada brasileiro for elevado.

A espiritualidade das nações

Ser espiritual é ter maturidade suficiente para saber que todos estamos interligados física, emocional, mental, energeticamente e em consciência. É quando você sabe e sente que não é separado da natureza. Há respeito, gratidão e amor profundos em relação a este planeta. Segundo meu amigo e professor Arthur Simón:

> "A consciência está presente em tudo. Buscar essa compreensão é um processo profundo e revelador".
>
> Observar a vida desse ponto de vista pode mudar totalmente nossa relação conosco e com o ambiente, o espaço, as pessoas, o país e o planeta em que vivemos. Estamos dentro e diante de núcleos de consciência em diferentes âmbitos, que têm um propósito a ser manifestado por meio de uma atividade inteligente, como parte de um plano de evolução que abarca a todos os seres.
>
> Vemos as nações como órgãos do corpo planetário do organismo

---

2   Baixo estado de consciência é quando um indivíduo se percebe como algo separado da Natureza e, desta forma, não leva em consideração as consequências de suas decisões e ações. Hoje a grande maioria ignora que causamos destruição do planeta, pois não sente que faz parte de um organismo maior que é a Terra e todo Universo. Esta desconexão é a causa de todos os problemas.

Terra e como núcleos de consciência e meios de expressão da entidade maior planetária. Vamos chamar de entidades-nação.

A princípio, cada entidade-nação se exprime por intermédio de um povo e um território, tem uma personalidade e uma alma. Em outras palavras, tem um temperamento específico por meio do qual buscará manifestar sua consciência-inteligência-propósito nos sucessivos ciclos de sua vida material. E, assim como nós, seres humanos, vivemos um processo de alinhamento dos corpos físico, emocional e mental, a integração da personalidade e unificação da personalidade com a alma, também a entidade-nação precisa alinhar a personalidade e uni-la à alma, precisa construir meios de expressão do propósito mais interno, sempre em harmonia com o propósito planetário.

Vemos que nas relações internacionais prevalecem interesses egoístas e que ainda temos um longo caminho de amadurecimento pela frente, mas algumas alianças estáveis entre países, com abertura de fronteiras e unificação de moedas, mesmo que movidas por interesses restritos e busca de recompensas, denotam o início de uma união entre a alma das nações.

Precisamos *com urgência* despertar a consciência espiritual coletiva. O esquecimento da natureza espiritual é a raiz de todos os problemas que vemos na Terra.

2. Os traumas do inconsciente coletivo do **Brasil**

Sou formado em relações internacionais, e na faculdade nunca me ensinaram a ver os problemas que temos como sociedade a partir de um ponto de vista mais consciente. Como sabemos, esta terra, que há pouco mais de duzentos anos tem o nome de Brasil, foi usada como colônia de exploração por muitos anos e, durante esse processo, muitos traumas foram gerados. As riquezas naturais brasileiras eram levadas para abastecer mercados europeus e pagar dívidas de Portugal com a Inglaterra. E uma curiosidade que colabora inconscientemente para a confusão da nossa identidade como povo:

> Há uma polêmica entre historiadores quanto ao nome "Brasil". Há uma interpretação tradicional que vincula este nome à árvore **pau-brasil**, largamente explorada no início da Colonização por conta da pigmentação avermelhada de sua madeira, que era usada para tingir tecidos. Aqueles que trabalhavam com a extração de pau-brasil foram chamados, desse modo, de brasileiros.
> Entretanto, outras investigações apontam para uma antiga lenda medieval, que circula na Península Ibérica, que se referia à **Ilha Brasil** [...] um lugar mitológico, que alimentava o imaginário medieval, e estaria situada no Atlântico, tendo sido representada diversas vezes em cartografias da Idade Média.
> [...] A partir da consolidação do sistema colonial, na década de 1530, o Brasil passou a ser conhecido como **Colônia do Brasil do Reino de Portugal**. Com a vinda da Corte do rei Dom João VI, em 1808, o Brasil passou a integrar o **Reino Unido de Por-**

tugal, Brasil e Algarves, nome este oficializado em 1815. Com a Independência, em 1822, o Brasil foi alçado à condição de império, mudando seu nome para **Império do Brasil**, que prevaleceu até 1889.

A partir da Proclamação da República em 1889 e com a primeira constituição republicana, de 1891, o nome passou a ser **Estados Unidos do Brasil** – com nítida inspiração nos Estados Unidos da América. Em 1967, com a constituição elaborada durante a Ditadura Militar, o nome passou a ser **República Federativa do Brasil**, por conta do sistema federativo então já consolidado. Esse nome foi mantido na Constituição de 1988 e prevalece até os dias de hoje.[3]

Os principais traumas que criaram nosso sistema coletivo de crenças foram:

• Abuso de poder

O Brasil foi violentado de muitas maneiras, o que gera toda a violência que vemos hoje. Desde o momento que os portugueses colocaram os pés aqui, essa violência não parou mais. A exploração do Pau-Brasil foi considerada como **predatória**, pois quase levou à extinção da espécie. Esta violência e este modo de se comportar, como predador, se espalhou como um vírus. Se olharmos bem, as cidades brasileiras têm estrutura semelhante, com periferias pobres, sem áreas verdes, cercadas de tráfico de drogas e violência, e regiões abastadas, alheias ao sofrimento coletivo. Enquanto nação, fomos abusados e abandonados pelo próprio "Pai" – Portugal. O que gerou a crença da *insegurança*: como sociedade, continuamos com o medo de sermos novamente violentados, roubados, assassinados.

• Medo da escassez

O próprio nome do nosso país contem um trauma. Pois a árvore, que deu origem a esse nome, foi quase extinta por falta de amor. Nossas maiores riquezas naturais foram roubadas. O ouro, o diamante, a floresta, a mata Atlântica

---

3   FERNANDES, Claudio. "Os nomes dos Brasil". *História do Mundo*. Disponível em: https://www.historiadomundo.com.br/curiosidades/nomes-do-brasil.htm. Acesso em: 14 out. 2024.

e, principalmente, o pau-brasil, foram sistematicamente retirados daqui. Isso gerou o trauma, a crença de que não temos recursos suficientes para todos, de que não somos merecedores da riqueza, ou seja, a crença da escassez. É uma profunda sensação de que algo está faltando, e isso nos torna *insatisfeitos com o que temos*. O que leva ao roubo, à corrupção, ao egoísmo e à desvalorização de si. Além disso

> No tempo colonial, 'brasileiro' era adjetivo que indicava profissão: tirador de pau-brasil. Como tal, sendo esses homens criminosos, banidos para o nosso país por Portugal, o adjetivo tinha significado pejorativo e por isto ninguém queria chamar-se 'brasileiro'. Foi o franciscano Frei Vicente do Salvador o primeiro que teve a coragem de usar 'brasileiro', não já na antiga significação de tirador de pau-brasil, mas na de originário, oriundo, nascido no Brasil.[4]

Acrescido a isso, o Superdicionário da Língua Portuguesa, da editora Globo, assinala que "brasileiro, além de ser aquele ou aquela 'natural ou habitante do Brasil' também é o 'português que residiu no Brasil e que voltou rico à sua pátria'"[5]. Ou seja, aquele que veio aqui para explorar as riquezas desta Terra. E "[...] o sufixo '-eiro' também pode ser usado para relacionar-se a agentivos que denotam profissões de pouco prestígio social, como 'carteiro' ou 'açougueiro'. Pode também ser usado para agentivos de carga semântica pejorativa, como 'faroleiro' ou 'trambiqueiro'"[6].

Palavra tem poder, e este poder pode ser consciente ou inconsciente. O fato é que na própria língua de nosso país há uma carga que faz com que exista também:

---

4   RODRIGUES, Sérgio. "'Brasileiro', a palavra, já nasceu pegando no pesado". *Veja*. Disponível em: https://veja.abril.com.br/coluna/sobre-palavras/brasileiro-a-palavra-ja-nasceu-pegando-no-pesado. Acesso em: 15 out. 2024.
5   FERNANDES, F.; LUFT, C. P.; GUIMARÃES, F. M. *Superdicionário Língua Portuguesa*: as melhores técnicas de redação, acentuação, hífen e pontuação; os coletivos e os gentílicos, um atlas da anatomia humana. Rio Grande do Sul: Editora Globo, 2000.
6   GONÇALVES, Carlos; YAKOVENCO, Lilian; COSTA, Raquel. *Condições de produtividade e condições de produção:* uma análise das formas x-eiro no português do brasil. *Alfa*, São Paulo. 42: 33-61. 1998.

• Síndrome de inferioridade

Em geral, o povo brasileiro está sempre se comparando com outros países, se colocando para baixo, com inveja. Esta é *síndrome de inferioridade* ou "síndrome do vira-lata". Em contrapartida, a minoria que está no poder, a elite, carrega a *síndrome da superioridade*, que é também um sintoma da escassez e leva ao abuso de poder. Aquele que se sente superior e quer dominar está, na verdade, tão desconectado do *amor*, que precisa usar o outro para se sentir bem. É uma relação doentia.

Os sentimentos de inferioridade, que são sintomas da falta de *amor*-próprio, nos levam a acreditar que precisamos lutar muito pela vida, pela sobrevivência, e que a vida é difícil e temos que nos esforçar com muito sofrimento, e assim nos permitimos ser explorados. É fato que aqui no Brasil os salários para essas profissões consideraras erroneamente de baixo prestígio social são baixíssimos, e são funções fundamentais para que a sociedade funcione. O meu questionamento é: por que se paga tão pouco para essas profissões que são tão importantes? Por que essas pessoas aceitam receber tão pouco? Percebe o círculo vicioso em que estamos inseridos? Explorar e ser explorado.

• Incapacidade

A crença na *incapacidade* de sermos inteligentes, de podermos ser felizes, gerarmos prosperidade e termos saúde nos torna procrastinadores de nossos sonhos e propósitos. Não investimos o suficiente em educação para que haja o desenvolvimento de pesquisas científicas e para que cientistas queiram ficar aqui. A maiorias dos pesquisadores abandonam a área ou vão para fora do Brasil.

Todas essas crenças nos prendem em um círculo vicioso que se agarra ao lema de nosso símbolo mor – a bandeira – e reforça o principal trauma, que é o abuso de poder: "ordem e progresso" nos remete ao controle excessivo de poucos sobre muitos.

A solução para a desconstrução dessas crenças é o amor e o perdão. O Amor é o solvente universal. A chave é o autoconhecimento.

Por estarmos nesse baixo estado de consciência, presos às crenças limitantes, não conseguimos sair do padrão repetitivo, destrutivo e compulsivo que nos mantém continuamente em crises e focados nos problemas, sem conseguirmos enxergar as soluções reais, que vêm do mundo interno, da intuição, da consciência superior de nosso espírito. Há uma frase de Albert Einstein que diz que "Nenhum problema pode ser resolvido pelo mesmo estado de consciência que o criou".

Portanto, *tudo precisa se espiritualizar*, ou seja, precisamos ir além do estado mental limitado que somente repete de forma compulsiva os problemas. Quando nos espiritualizamos e lembramos que tudo vem do espírito, a vida passa a ter outro sentido, vemos como a vida é sagrada e preciosa.

Talvez a única solução para o Brasil e seus traumas seja a recordação de que somos seres espirituais, não através da percepção das religiões, mas sabendo que você não é separado do todo. Isso é o que nos faz perceber a *unidade*, perceber que somos parte de um *universo*, de uma única vida. **Recordar,** do latim *recor*, significa "lembrar-se, trazer à mente", de re-, "de novo", mais *cor*, "coração". Ou seja, lembrar que precisamos voltar ao coração, e neste estado sentimos *amor* e o desejo de viver em harmonia. Este é o nosso propósito como brasileiros: lembrar que não somos exploradores. Nós apenas exploramos quando nos esquecemos do que realmente *somos*. Destruímos quando nos desconectamos do coração e do amor que nos habita.

3. Crenças distorcidas sobre
dinheiro e progresso

Existem muitas crenças limitantes sobre riqueza e prosperidade, principalmente no inconsciente coletivo do povo brasileiro. Neste capítulo, vamos compreender melhor o motivo pelo qual não temos "progresso" no sentido real da palavra.

Não somente nós, mas o mundo inteiro está apegado a ideia de que progredir é ganhar dinheiro e que isto, para um país, é aumentar o PIB – Produto Interno Bruto. Tal ideia é tão distorcida que não inclui nessa conta a importância do acesso à educação e o bem-estar psicológico da população, ignora a poluição e a destruição ecológica pelos sistemas econômicos sempre em expansão.

Para manter o crescimento do PIB, precisamos continuar extraindo matéria-prima e fazendo-a circular pela economia. Entretanto, em um planeta com recursos limitados, essa atitude não é sustentável. A ideia de que podemos continuar extraindo recursos do solo, ter processamento infinito de materiais, produzir mais coisas, seguir acumulando e depositando o acúmulo em lixões é loucura.

Crescer financeiramente é o objetivo que conduz a vida da maioria das pessoas. Acreditamos que é necessário possuir muitas coisas para ser feliz. Quero, então, trazer uma reflexão sobre a motivação para idolatrarmos tanto o dinheiro e o conceito de posse, sabendo que quando morrermos tudo continuará aqui. Qual é o estado de consciência que nos motiva a trabalhar? O que está por trás da ideia de progresso?

A Global Footprint Network afirma que se todo o mundo consumisse recursos como um atual habitante dos Estados Unidos precisaríamos de cinco planetas Terra para nos sustentar. Estamos perdendo florestas e extinguindo a vida marinha nos oceanos. É necessário reduzir as emissões de CO2 antes que se esgotem todos os recursos do planeta. Mas mantemos esse ritmo porque é bom para o PIB, como se isso fosse bom para todas as pessoas.

Será, então, que é possível diminuir o crescimento do PIB intencionalmente? Muitos governo não estão dispostos a isso. Substituir o PIB por medidores que considerem o impacto e bem-estar humano em várias dimensões, como o Índice de Desenvolvimento Humanos (IDH), da ONU, é um bom começo para isso.

O Butão experimentou usar o índice Felicidade Interna Bruta (FIB) e divulga, sempre que possível, esta maneira de medir o desenvolvimento do país. Portanto, é possível redefinir o índice de sucesso de maneira mais digerível para os políticos, de forma a convencê-los a adotar medidas que não aumentam o PIB, mas elevam o bem-estar médio da população.

Outro exemplo é o da ex-primeira ministra da Nova Zelândia, Jacinda Ardern, que em 2019 anunciou um orçamento nacional priorizando o bem-estar e a felicidade dos cidadãos em detrimento do PIB e do crescimento econômico. Nesse orçamento todos os novos gastos visavam a promover as prioridades do governo: melhorar a saúde psicológica da população, reduzir a pobreza infantil e combater as desigualdades sofridas pela população indígena.

A economia precisa ser impulsionada por princípios baseados no amor e na inclusão, onde haja uma nova relação entre os seres humanos e a natureza.

Milhões de pessoas acordam todos os dias pensando em como ganhar mais dinheiro, e isso faz a mente coletiva inconsciente acreditar que dinheiro é o fim, e não o meio. O dinheiro tem valor e importância na sociedade em que vivemos e isso deve ser respeitado, mas não deve ser a coisa mais importante.

Estamos viciados em produzir e consumir cada vez mais, o que tem exaurido o planeta e adoecido a sociedade.

O que é ser rico?

Uma das crenças mais comuns é pensar que não se pode ser rico e espiritualizado ao mesmo tempo. Este pensamento distorcido assombra muitas pessoas e causa sofrimento desnecessário. Mas, afinal, o que é ser realmente rico?

Há muitos anos, um ensinamento foi distorcido pelas religiões, e programas mentais poderosos foram instalados no inconsciente da humanidade. Dizem o seguinte: "apenas os pobres entrarão no reino dos céus, e o dinheiro é a fonte de todo mal".

Tal pensamento, quando mal-interpretado, traz inúmeras consequências para a sociedade e faz com que muitas pessoas sintam culpa ao enriquecer e sentir o prazer que o dinheiro proporciona, gerando uma falsa sensação de humildade. São muitas as crenças que envolvem dinheiro, progresso, sucesso e espiritualidade, que atrapalham nossa vida.

Tudo nesta sociedade tem um valor, e se você não sabe estabelecer seu próprio valor, se você não acredita que pode receber dinheiro com amor, você sofre que é o caso de muitos brasileiros. Além disso, vivemos em um sistema que dificulta a ascenção social dos mais necessitados.

Mas quem disse que ser humilde é não ter nada ou não poder desfrutar dos prazeres da matéria? "Bem-aventurados os humildes de espírito, porque deles é o Reino dos Céus", disse Jesus. O que significa "humildes de espírito"? Segundo o escritor Eckhart Tolle, significa "nenhuma bagagem interior, nenhuma identificação. Nenhuma relação com coisas e com conceitos mentais que possuam uma percepção do eu". E o que é o " Reino dos Céus"? A simples, porém profunda, alegria do ser que está presente quando abandonamos as identificações e nos tornamos "humildes de espírito".

O espírito sabe que nada é dele, que nada possui, ele é naturalmente humilde. A palavra "humildade" tem origem no grego antigo, na palavra *humus*, que significa "terra". Este mesmo vocábulo deu origem as palavras "<u>homem</u>" e "humanidade". Significando, respectivamente, "terra fértil" e "criatura nascida da terra". "Humilde" tem origem no vocábulo grego *humilis*, que vem de *humus*, e significava "aquele ou aquilo que fica no chão".

Ou seja, nossa consciência espiritual sabe que este corpo veio da Terra e tudo voltará para ela, isto significa que nada é nosso, *tudo* pertence ao *todo*, e qualquer ideia de propriedade é ilusão. Ao mesmo tempo, somos filhos desta Terra e temos o direito de usufruir com consciência e respeito da abundância que a vida neste planeta nos oferece.

Eckhart continua no livro *Um novo mundo: o despertar de uma nova consciência*[7]

> É por isso que renunciar a todos os bens é uma prática espiritual antiga tanto no oriente quanto no ocidente. Desistir dos bens, porém, não nos libera automaticamente do ego. Ele tentará assegurar a própria sobrevivência encontrando alguma coisa com a qual se identificar - por exemplo, uma imagem mental da própria pessoa como alguém que superou todos os interesses pelos bens materiais e é, portanto, superior ou mais espiritualizada do que as outras. Há indivíduos que abrem mão de todas as posses, no entanto têm um ego maior do que muitos milionários...
> Um dos pressupostos inconscientes é de que, ao nos identificarmos com algo por meio da ficção da propriedade, a aparente solidez e permanência desse objeto material endossará nossa percepção do eu com mais firmeza e constância. Isso se aplica sobretudo aos imóveis e ainda mais às terras, pois acreditamos que esses são os únicos bens que temos condições de possuir que não podem ser destruídos. O absurdo de termos alguma coisa torna-se ainda mais evidente no caso da terra. Na época da colonização da América do Norte, por exemplo, os nativos consideravam a propriedade da terra um conceito incompreensível. E, assim, eles a perderam quando os europeus os fizeram assinar folhas de papel, que eram igualmente incompreensíveis para sua cultura. Os indígenas sentiam que pertenciam à terra, mas ela não lhes pertencia. O ego tende a equiparar ter com ser: eu tenho, portanto eu sou. E, quanto mais eu tenho, mais eu sou. Ele vive por meio da comparação. A maneira como os outros nos veem nos transforma em como nos vemos. Se todas as pessoas vivessem em mansões ou fossem ricas, suas casas luxuosas e sua riqueza não serviriam mais para destacar sua percepção do eu.

---

7   TOLLE, Eckhart. *Um novo mundo*: O despertar de uma nova consciência. Rio de Janeiro: Sextante, 2007.

Costumo, portanto, dizer que a verdadeira riqueza está na sabedoria. Quando sei quem Eu Sou, sou Rico. Rico em consciência e em amor, e neste estado nada me falta, me sinto pleno. Quem acessa este estado de conexão espiritual tende a consumir menos, gera menos resíduos, composta o lixo orgânico, pois compreende que devolver para a terra o que pegou emprestado é fundamental para manter o ciclo da prosperidade. Por exemplo: parte do lucro obtido com este livro será destinado a replantar árvores, já que utilizamos árvores para imprimi-lo e também para viver no Brasil, considerando que de certo há quinhentos anos havia uma floresta onde pisamos e moramos hoje. É uma forma simbólica de reequilibrar o karma, como dizem os mestres indianos.

Aquele que é "rico" espiritualmente pode até possuir coisas, mas não é possuído por elas. A necessidade de acumular bens materiais para se sentir seguro desaparece, pois se sabe que a segurança real vem do invisível, ou seja, se estabelece naturalmente uma harmonia entre o ser humano e a Terra.

Há muita confusão na mente das pessoas por causa de crenças distorcidas sobre dinheiro, prosperidade e espiritualidade que vem de ideias religiosas e também de filósofos que moldaram o pensamento econômico. Dessas crenças nasce a dificuldade em nos relacionarmos com o dinheiro e com a matéria, pois pelo lado "espiritual" começamos a vê-lo como um inimigo, como algo sujo que devemos negar, e pelo lado "material" vemos o dinheiro como a coisa mais importante, algo que irá nos fazer feliz. São pensamentos que permeiam o inconsciente coletivo da humanidade e causam muita confusão.

> Em *A riqueza das nações*, o filósofo britânico Adam Smith (1723-1790) propõe uma sociedade que busca a felicidade humana segundo as finalidades do interesse próprio e do acúmulo material – que Adam Smith acreditava serem a chave para a felicidade –, consolidando-se assim a guinada no sentido de um paraíso que não estava mais na natureza, mas no fazer contínuo do homem. O filósofo inglês Jeremy Bentham (1748-1832) levou adiante o novo ideal concebendo um ser humanou que atua em função de um equilíbrio perpétuo entre prazer e dor: o que de fato importa são as consequências dos atos, ou a capacidade de obter o prazer e fugir do sofrimento. As intenções espirituais seriam eliminadas

da definição do humano, que se reduziria a uma dimensão essencial: todas as decisões humanas seriam informadas por esse cálculo essencial, a tal ponto que serviria para definir o ser humano como racional... Assim nasce o *Homo economicus*.[8]

A partir daí observamos que homem e natureza se separaram radicalmente como conceitos, como se um não dependesse do outro, e devido ao pensamento dos mencionados filósofos britânicos, de ignorar a natureza, no século XVIII as atividades intensamente predatórias e poluidoras se intensificaram e criaram o cenário atual de aquecimento global, desigualdade social, violência e miséria. Alí nasce a ideia de que a preservação da natureza é um entrave ao desenvolvimento econômico, uma das maiores ilusões em que vivemos e talvez a maior mudança de paradigma que precisamos atravessar.

Portanto, podemos dizer que o dinheiro não é o problema, mas sim o baixo estado de consciência, o esquecimento de nossa natureza espiritual e consequentemente a falta de *amor*.

O dinheiro deve ser visto como apenas um instrumento para facilitar a vida, um meio para nos ajudar a movimentar, trocar, expandir, aprender. Mas ele não é o fim. A finalidade de muitas pessoas hoje é ter mais dinheiro, o que é uma ilusão.

Como aceitamos pagar caro em um pedaço de carne, vindo de animais brutalmente assassinados e florestas derrubadas, mas achamos ruim pagar por um serviço que faz bem ao próximo, como um curso de autoconhecimento, filosofia e espiritualidade? Servir ao próximo é o ato que mais nos enriquece e mais nos faz prosperar no sentido real da palavra.

Reprogramação de crenças distorcidas sobre dinheiro

Essa reprogramação somente acontece quando espiritualizamos nossa relação com o dinheiro e com a matéria, ou seja, não separamos o material do espiritual e enxergamos a interconexão de toda a vida, incluindo a natureza como a sócia majoritária do nosso modelo econômico. Quando estive no Acre, percebi que é um lugar rico por natureza, mas pobre economicamente. Ao refletir sobre

8   CALDEIRA, Jorge; SEKULA, Julia; Shabib Luana. *Brasil*: Paraíso Restaurável. Rio de Janeiro: Estação Brasil, 2020.

esse paradoxo, tive uma compreensão sobre o "papel" *real* que o dinheiro tem em nossa vida. Dinheiro é feito de papel, certo? E de onde vem o papel? Das árvores, das florestas. E os animais que estão estampados nas cédulas? O que está acontecendo com eles?

Em nome do *progresso* estamos destruindo constantemente a Mãe Natureza e matando seus filhos (os animais), nossos irmãos, para que possamos ganhar mais dinheiro e ter mais prazeres egocêntricos. É uma loucura!

E ainda temos a "coragem" de colocar a imagem deles nas notas de dinheiro com o nome de *real*. Será que esse progresso econômico que tanto queremos para o Brasil pode continuar desse jeito? Isso é Real? É sustentável? Como você se relacionaria com o dinheiro se o enxergasse como um instrumento do amor?

Já passou da hora de usarmos o dinheiro, que é nossa maior ferramenta de criação de realidade, com *amor*, pois nunca haverá progresso real se não houver *amor*.

Em resumo, a regeneração para um novo mundo se dará através de investimentos financeiros em projetos conscientes e sustentáveis que utilizam os princípios universais, ou seja, a sabedoria ancestral amorosa que visa a incluir a todos e a todos os reinos da natureza.

E esta regeneração será facilitada no futuro pela inteligência artificial, que se for usada com sabedoria, irá conseguir enxergar soluções muito melhores que nós seres humanos. O progresso tecnológico que irá influenciar todas as áreas da vida, precisa ser guiado por uma consciência amorosa.

4. Como acessar a **Conexão Espiritual**?

Há muitas maneiras de acessar a conexão espiritual, mas a mais simples é por meio da meditação e da contemplação da natureza, pois a natureza é nossa maior professora. Um texto de meu amigo argentino Matias de Stefano diz o seguinte:

> Os melhores professores que você poderia ter na vida são as árvores. Não falam, atuam com exemplo, com firmes raízes buscam a luz, sempre para cima, alimentando-se do sutil, sustentando umas às outras sem se inclinar e sem perder o seu centro, dando frutos e oxigênio assim como seus galhos velhos para aquecer lares sem esperar nada em troca.
>
> Exemplos de equilíbrio e amor incondicional sem filosofia, porque não explicam o que uma pessoa deve ser, elas simplesmente são.

Ao ler o texto, refleti muito, pois, como sabemos, o nome de nosso país deriva de uma árvore. As respostas que buscamos estão muito mais próximas do que imaginamos, estão na natureza e dentro de nós.

Talvez você se pergunte "como posso aprender a meditar se minha mente não para, se sou muito ansioso?". A ansiedade é um estado temporário de desconexão consigo mesmo e com o mundo ao seu redor que pode ser solucionado. Meditação requer treino e disciplina, assim como qualquer outra coisa.

Se você nunca jogou tênis, é muito provável que você demore bastante para começar a acertar a bola com regularidade dentro da quadra, da mesma maneira, se você nunca meditou, nunca parou para observar seus pensamentos e emoções, é também muito provável que leve um tempo para que você aprenda a se desidentificar de seus pensamentos e emoções e acesse um estado de paz e conexão com a única coisa que existe de fato: o agora. A paz interior é a porta de entrada para os estados mais elevados de consciência, e a gratidão é a chave que abre esta porta.

Para se desidentificar de seus pensamentos e emoções, é preciso se libertar do passado. O que inclui a vida de seus ancestrais. Estamos presos a padrões antigos de nossos ancestrais. Carregamos em nosso inconsciente os mesmos traumas, as mesmas histórias, os mesmos desejos, os mesmos pactos de vingança, o mesmo medo de não ter o suficiente e de não sobreviver.

Quando alguém lhe pergunta quem você é, você naturalmente diz seu nome, o nome de seus pais, sua formação acadêmica, profissão etc. Você é o resultado de seus ancestrais. E sem ter consciência disso, você se torna apenas um monte de condicionamentos e programas conduzidos pelo medo.

O que o amor faria na minha vida, na minha família, no meu trabalho, na minha maneira de pensar, de sentir, de falar, de agir, de comer, de consumir e de me relacionar se eu não estivesse preso a um passado doloroso?

Hoje, nós todos, como humanidade, somos prisioneiros do medo devido a todas as cargas e traumas que já foram citados. O medo é sempre o mesmo, mas se manifesta de diferentes formas. Seja medo da escassez, da falha, da rejeição, do futuro ou mesmo da morte, que é também a única certeza da vida.

Nós, brasileiros, temos os ingredientes necessários para criar uma nova visão sobre a morte, sinto que o Brasil será o lugar onde ressignificaremos a maneira de lidar com esse fato inevitável. Mas para isso precisamos de autoconhecimento e conexão espiritual. E você somente se conhece e se conecta espiritualmente se tiver o hábito de pausar, respirar e olhar para dentro. Em outras palavras, meditar.

É através da prática diária da meditação que, aos poucos, você conseguirá identificar os pensamentos e emoções que controlam sua vida e o mantém preso nos diferentes medos que lhe paralisam, que não permitem você crescer. Esse é um dos primeiros sintomas de despertar espiritual: tomar consciência de como seus pensamentos e emoções lhe prejudicam. Você percebe que acreditar em tudo o que pensa e sente não é um bom negócio. Neste despertar, você se questiona: por que eu penso em tantas coisas que me deixam tão para baixo e preocupado? Será que sou esse pensamento ou existe algo mais?

Recomento que você pause agora ou quando quiser e faça uma meditação guiada que criei, chamada meditação do Eu Sou[9]. Se você não tem o hábito de meditar, comece a fazer esta prática por oito semanas seguidas para sentir a diferença no seu estado de consciência.

À medida que você se aprofunda no processo de autoconhecimento, você *descobre* que não é separado do *Todo*. O Todo influencia você, e você influencia o Todo. Não tem como escapar dessa verdade.

Por exemplo, há lugares onde você sente uma energia pesada, e, depois, descobre que ali aconteceu um terrível crime. Seu estado de consciência é alterado sem você querer. Da mesma forma que você é afetado, você pode afetar aquele ambiente. Se prestar atenção nisso e acessar o poder divino que existe em você, e se ainda se juntar com outras pessoas de forma consciente, é possível liberar e transformar essa energia em amor por meio do perdão.

O que muitos chamam de oração nada mais é que um dos princípios universais mais importantes: a vibração. Por exemplo, as músicas e informações que você escuta impactam sua vida, e essa vibração pode intoxicar.

Nosso campo psíquico está *muito* contaminado, e precisamos ajudar a purificá-lo por meio da meditação, que traz mais foco e clareza no trabalho, maior bem-estar e harmonia consigo mesmo e nos relacionamentos. Aos poucos, você ganha a habilidade de dissolver baixos estados de consciência que causam sofrimento e começa a acessar o pleno potencial da consciência, que podemos chamar de estado *iluminado*.

Porém, precisamos desmistificar o que é ser iluminado. Ser iluminado não é saber tudo, é ter clareza de quem você é. É estar consciente de seu propósito no aqui e no agora. É não perder tempo com a tagarelice da mente, não ficar com medo o tempo todo. Isso, entretanto, não significa que você nunca mais sentirá medo, mas sim que saberá agir apesar do medo.

Enquanto estivermos neste planeta seremos imperfeitos. A única diferença entre o iluminado e o

---

9   Acesse a meditação no QR Code desta página.

não-iluminado é que o iluminado assume que é imperfeito e que está em constante aprimoramento, é uma obra de arte em constante construção. Ele sabe que não tem um lugar a chegar, ou a alcançar, simplesmente vive de acordo com a própria verdade e está aberto para a impermanência da vida.

Segundo um estudo realizado pela Universidade de Harvard, a meditação literalmente reconstrói a massa cinzenta do cérebro em apenas oito semanas. A análise de imagens de ressonância magnética encontrou aumento na densidade de matéria cinzenta no hipocampo, conhecido por ser importante para a aprendizagem e memória, e em estruturas associadas à auto-consciência, compaixão e introspecção.[10]

---

10   "O cérebro zen: o que acontece na massa cinzenta de quem medita". *Superinteressante*. Disponível em: https://super.abril.com.br/especiais/o-cerebro-zen-o-que-acontece-na-massa-cinzenta-de-quem-medita. Acesso em: 17 out. 2024.

5. O propósito **espiritual** do **Brasil**, o coração do mundo

Não é preciso ser um profeta para saber que enfrentaremos situações extremamente desafiadoras no futuro devido ao aquecimento global, ao aumento da população e às possíveis catástrofes naturais. Além disso, temos testemunhado o retorno das guerras, e por causa do consumo abusivo de recursos naturais já passamos do limite que o planeta é capaz de suportar e regenerar.

Todas essas mudanças externas estão estimulando mudanças internas em muitos seres humanos, a esse processo chamamos de transição planetária. A humanidade passará por muitas provas, e o Brasil tem um papel fundamental nisso.

Para compreender o propósito do Brasil de ser o Coração do Mundo, temos que olhar tudo de uma outra perspectiva, a partir de uma *visão espiritual*, um visão holística, integrada. Para compreender o que é esta visão espiritual, você terá que fazer um breve exercício.

Feche os olhos e imagine a Terra vista do espaço. Você consegue ver algum ser humano? Não, certo?

Assim como não conseguimos ver as células do corpo a olho nú, não conseguimos ver as células do planeta quando o olhamos do espaço. Nós somos células desse grande organismo que é a Mãe Terra. Assim como nós, os animais, vegetais e minerais também são células, com outras funções. O que nos difere é que somos células com consciência, melhor dizendo, células com um pouco de livre-arbítrio, pois tudo tem consciência. Tudo que tem consciência está em constante movimento, e o que caracteriza a vida na Terra é que tudo respira.

Cerca de 50% do oxigênio que respiramos vem das florestas, que, em sua maior parte, estão sendo destruídas, e, como pulmões da Terra, estão fracas, com pouca capacidade respiratória

No Brasil está a maior floresta tropical do mundo, a Amazônia, que é responsável por produzir 20% de todo o oxigênio da Terra. 60% da Amazônia está em território brasileiro. Além disso, no Brasil estão os dois maiores aquíferos do mundo, da Amazônia e o Guarani.

Os rios são como as veias da Terra, e hoje muitos deles estão contaminados. Sabemos que não podemos viver sem água e sem oxigênio, então porque continuamos a poluir as águas e a destruir nossa fonte de oxigênio?

Porquê estamos cegos. Estamos com a visão espiritual adormecida, completamente inconscientes das consequências de nossas ações. Nos sentimos tão desconectados de nós mesmos, das pessoas, da natureza, que optamos por continuar sobrevivendo em uma mentira, um mundo de fantasia, ou melhor dizendo, de ilusão.

Por exemplo, existem grandes shopping centers na cidade de São Paulo com restaurantes e lojas caríssimos com vista para os rios Pinheiros e Tietê, que apesar de estarem passando por um processo de despoluição ainda estão contaminados e não são vistos pela população como algo essencial para a vida. Além disso, a água consumida em São Paulo vem de rios e represas poluídas, que passam por um intenso processo químico para se tornar potável.

Ilusão é viver como algo separado da natureza. As pessoas não se sentem parte da natureza, e portanto não levam em consideração os princípios antigos ancestrais, como o princípio da *interconexão*. Ou seja, nós somos afetados pela natureza, e a natureza é afetada por nós. Mas com a visão espiritual adormecida não conseguimos nem sentir essa interconexão. E o resultado de viver assim é *sofrimento* para nós e para toda a Terra.

Para ajudar na reflexão, compartilho um texto de Alana Rox, autora do livro *Diário de uma Vegana*:

"Eu nasci em Santa Catarina, estado responsável por mais de metade da produção e exportação de carne do país. Nasci vegetariana em uma família carnívora gaúcha e sou vegana há dezoito anos.

Anualmente, sobrevôo a Amazônia e a cada ano meu coração se dilacera ao ver o avanço da devastação das florestas para o plantio de soja ou abertura de pasto para criação de gado.

Em 2023, durante uma reunião à beira de um riacho no meio da Chapada dos Veadeiros, me abaixei para beber um pouco de água do rio e me orientaram a não fazê-lo, pois todas as terras em volta estão poluídas de agrotóxicos que contaminam os lençóis freáticos. Pensei: se não posso beber uma água pura aqui, onde vou beber?

O Relatório Anual de Desmatamento feito pelo MapBiomas comprova que o agronegócio é o principal responsável pelo desmatamento no Brasil. Em 2022, um estudo apontou que a agropecuária provocou 97% da perda da vegetação nativa, principalmente na Amazônia, que concentrou 59% da área desmatada no período, seguida por Cerrado (30%) e Caatinga (7%). E, de acordo com o IBGE, mais, 24,1% das espécies de flora e fauna estão ameaçadas de extinção.

Por ano, são criados globalmente 80 bilhões de animais de fazenda, a maior parte no Brasil. Como conseguimos alimentar 80 bilhões de animais e não conseguimos alimentar 8 bilhões de pessoas?

O relatório Estado da Segurança Alimentar e Nutrição no Mundo (SOFI) publicado em julho de 2023 pela Organização das Nações Unidas para a Alimentação e a Agricultura (FAO)[11], mostra uma piora dos indicadores de fome e insegurança alimentar no Brasil. Segundo o relatório, em 2022 70,3 milhões de pessoas estavam em estado de insegurança alimentar moderada, com dificuldade para se alimentar. E 21,1 milhões de pessoas estavam em 2022 em um estado grave de insegurança alimentar, caracterizado por estado de fome.

A pecuária é, segundo as Nações Unidas, uma das duas maiores contribuintes para os graves problemas ambientais do mundo. Da poluição do ar, passando pela perda da biodiversidade até o desperdício e o esgotamento da água. Colocando-se na vanguarda das mudanças necessárias para um futuro melhor, a Holanda acaba de recomendar que, até 2030, a população mude dieta para uma alimentação à base de plantas[12]. A ideia é que ao menos 60% da alimentação da

---

11   Um resumo do relatório pode ser encontrado em: O Estado da Segurança Alimentar e da Nutrição no Mundo. *Nações Unidas Brasil.* Disponível em:
https://shre.ink/guJE. Acesso em: 15 out. 2024. E o relatório na íntegra, no idioma original (inglês), pode ser encontrado em: https://openknowledge.fao.org/items/09ed8fec-480e-4432-832c-5b56c672ed92. Acesso em: 15 out. 2024.

população tenha proteínas à base de plantas, a fim não só de melhorar a saúde das pessoas, mas também de combater as mudanças climáticas.

A forma mais eficaz de impactar o coletivo positivamente de maneira individual é tirando a carne e derivados de nossos pratos diariamente. Nos últimos cinquenta anos, 60% dos animais silvestres desapareceram da Terra.

Podemos agir pelos animais, pelo clima e pela saúde. Sim, devemos cobrar ações do governo, mas devemos também cobrar atitudes e mudanças nas refeições oferecidas na escola de nossos filhos, devemos cobrar opções de proteínas e produtos vegetais nos mercados e restaurantes que frequentamos, devemos fazer escolhas de consumo conscientes. A demanda é que gera a oferta.

Uma pesquisa feita pelo Instituto Akatu e Globescan, em 2022[13], apontou que 56% dos brasileiros disse que as decisões de compra são influenciadas por marcas que impulsionam a agricultura sustentável o uso eficiente de água. Para 54%, a decisão de compra é influenciada por marcas que desenvolvem programas de reciclagem/reuso de embalagens e que proporcionam ajuda humanitária. Se você é um empresário e ainda não está reformulando seus produtos ou encontrando novas formas conscientes de produção, já está defasado. É possível ganhar mais eficiência utilizando menos recursos e, consequentemente, causando menos impacto e aumentando o lucro.

Somos um povo amoroso, receptivo, amigo. Que tenhamos amor por nossas riquezas naturais, florestas e nossos animais. Que sejamos abertos e receptivos às mudanças para criarmos novas culturas. Que sejamos amigos do meio ambiente. Que sejamos os heróis, não os vilões. Cada escolha importa. Precisamos evoluir. Nossas atitudes e escolhas diárias podem fazer a diferença para resgatarmos o amor por nossa bandeira."

Os diferentes tipos de sofrimento

São três tipos de sofrimento: físico, psicológico e existencial ou espiritual. A maioria de nós está sofrendo em algum nível, e a maioria nem sabe que está

---

12   MATULA, Felipe. "Até 2030, Holanda quer se tornar o primeiro país vegano no mundo!". *Veguia*. Disponível em: https://veguia.com.br/ate-2030-holanda-quer-se-tornar-o-primeiro-pais-vegano-no-mundo/. Acesso em: 15 out. 2024.
13   "Pesquisa Vida Saudável e Sustentável 2022". *Akatu*. Disponível em: https://akatu.org.br/conheca-os--resultados-publicos-da-pesquisa-vida-saudavel-e-sustentavel-2022/. Acesso em: 15 out. 2024.

sofrendo, pois o ser humano se tornou especialista em desenvolver amortecedores do sofrimento, como comida, bebida, remédios, drogas e excesso de consumismo.

Por causa da desconexão espiritual, criamos um sistema que gera competição, medo, violência, insegurança, miséria e escassez. Acreditamos que precisamos ser sempre melhores que os outros. Isso nos torna excludentes. Não há colaboração, respeito ou inclusão, e muito menos amor.

A distorção se tornou tão grande que isso afeta toda a humanidade. Sofremos fisicamente, com quase 1 bilhão de pessoas passando fome no mundo[14] e mais de 2 bilhões enfrentam insegurança alimentar[15]. Sofremos psicologicamente, com mais de 320 milhões sofrendo de depressão e mais de 260 milhões sofrendo de ansiedade. Dados do último mapeamento sobre a doença realizado pela OMS apontam que 5,8% da população brasileira sofre de depressão, o equivalente a 11,7 milhões de brasileiros[16]. Sofremos espiritualmente por não sabermos quem somos e por não saber o que estamos fazendo aqui. Segundo a OMS, estima-se que mais 700 mil pessoas morrem de suicídio anualmente, uma a cada 40 segundos[17].

A história contada do Brasil é muito curta, pouco mais de quinhentos anos. Se analisarmos a própria história da humanidade, comparada a infinitude do Universo, ela é muito curta, há 12 mil anos praticamente não existia agricultura. Precisamos, portanto, dar um próximo passo na compreensão da visão espiritual. Inúmeros fatores dos quais não temos ciência influenciam nossa existência o tempo todo.

Na visão que tenho tido, o Brasil é um sonho do plano espiritual, melhor dizendo, o Brasil é a visão do plano espiritual para um novo mundo, uma nova era, uma nova humanidade que irá florescer em breve e que já dá sinais, como,

---

14   NALIN, Carolina. "Mais de 700 milhões de pessoas passam fome no mundo, diz ONU". *O Globo*. Disponível em: https://oglobo.globo.com/economia/noticia/2024/07/24/mais-de-700-milhoes-de-pessoas--passam-fome-no-mundo-diz-onu.ghtml. Acesso em: 15 out. 2024.

15   NEDER, Vinicius. "Número de brasileiros com fome cai para 8,4 milhões, diz ONU". *O Globo*. Disponível em: https://oglobo.globo.com/mundo/g20-no-brasil/noticia/2024/07/24/31-milhoes-de-brasileiros--deixam-a-inseguranca-alimentar-mas-brasil-segue-no-mapa-da-fome-da-onu.ghtml. Acesso em: 15 out. 2024.

16   "Por que o Brasil tem a população mais depressiva da América Latina". *G1*. Disponível em: https://g1.globo.com/saude/noticia/2023/11/06/por-que-o-brasil-tem-a-populacao-mais-depressiva-da-america-latina.ghtml. Acesso em: 15 out. 2024.

17   MARTINS, Fran. "Anualmente, mais de 700 mil pessoas cometem suicídio, segundo OMS". *Ministério da Saúde*. Disponível em: https://www.gov.br/saude/pt-br/assuntos/noticias/2022/setembro/anualmente--mais-de-700-mil-pessoas-cometem-suicidio-segundo-oms. Acesso em: 15 out. 2024.

por exemplo, a ausência de guerras, respeito à diversidade religiosa, e o fato de falarmos uma única língua em um território tão grande.

Como disse Chico Xavier por meio do Guia Emanuel no livro *Brasil, Coração do Mundo, Pátria do Evangelho*[18]

> o Brasil terá a sua expressão imortal na vida do Espírito, representando a fonte de um pensamento novo, sem as ideologias de separatividade, e inundando todos os campos das atividades humanas com uma nova luz.

Viver sem as ideologias de separatividade significa que teremos inteligência suficiente para compreender que não podemos viver de forma separada, ou seja, acreditar na mentira que diz que é cada um por si e que não precisamos nos preocupar com a destruição da natureza. Teremos consciência de que o que acontece com uma pessoa afeta o outro, afeta o todo! Haverá um cuidado com todos os seres vivos, que serão vistos como essenciais na manutenção da vida.

Embora você possa pensar: "No Brasil? Onde há tanta corrupção, violência e pobreza? Alguma coisa pode dar certo nessa terra?".

Sim, pode. E na visão espiritual já está dando certo. Tudo o que vemos de mais absurdo em nossa sociedade servirá para alimentar a busca por uma nova forma de viver, com mais amor, harmonia e conexão. Isso acontece porque a *consciência* nasce do contraste. Os absurdos são tantos que, graças à tecnologia que propaga rapidamente a informação, cada vez mais pessoas irão despertar para uma nova consciência.

Não digo que a vida será perfeita e sem problemas, mas que teremos mais consciência para seguirmos nos aperfeiçoando e buscando a evolução em todos os sentidos.

Quando os portugueses e espanhóis decidiram desbravar os oceanos, nem todos tinham apenas sede de poder. Alguns homens tinham a intenção clara de encontrar um novo lugar para recomeçar a história da humanidade. Existia dentro deles uma necessidade, uma urgência do novo, era um impulso que vinha lá do fundo do coração e que lhes dera a coragem necessária para literalmente

---

18 XAVIER, Chico. *Brasil, Coração do Mundo, Pátria do Evangelho*. 33. ed. Brasília: FEB Editora, 2019.

atravessar o oceano e romper com o medo. Portugueses, espanhóis, holandeses, ingleses, franceses e outros homens de diferentes partes da Europa já sentiam o mesmo chamado interno para algo novo.

Mas se ainda hoje são poucos os que pensam e sentem que uma nova forma de viver sobre a Terra deve acontecer, naquela época o número de pessoas era muito menor, além disso, a força daqueles que queriam dominar por meio da violência e do abuso de poder era muito maior, por serem a maioria.

Quando seu estado de consciência está expandido, é possível imaginar que a semente de uma nova consciência estava sendo plantada na América, ainda mais por os povos originários já estarem por aqui. Muitas aldeias na América do Sul foram avisadas pelos ancestrais que deveriam se preparar, algumas já sabiam que seriam exterminadas. Mas o tempo para que essa semente crescesse e desse frutos e flores não era na velocidade que os homens de pura intenção gostariam.

Nos primeiros anos de colonização da América, já era evidente que o que estava por vir eram muitas lutas, mortes e decepções. Esses conflitos também eram resultantes da Lei da Ação e Reação, pois nos séculos anteriores a humanidade havia atravessado um momento de muitas guerras e de grande barbárie. Todo o continente americano, especialmente o Brasil, estava sendo preparado para ser o palco de um processo de purificação de muitos anos de derramamento de sangue. Toda a América estava destinada a ser o palco do novo mundo.

A grandeza das terras brasileiras, o solo intocado, as matas virgens, as águas cristalinas e o ar puro formam o ambiente ideal para que a purificação necessária aconteça nos próximos séculos, possibilitando o florescimento do novo ser humano nessa terra sagrada que irá viver através do coração, conectado às qualidades do espírito.

Os primeiros cinco séculos do "descobrimento" da América foi um show de horrores: massacres, escravização, inquisição. Uma repetição do processo histórico da humanidade. Homens tentando manipular, dominar e tirar o máximo proveito dos outros para benefício próprio. O egoísmo que havia predominado nos últimos 10 mil anos se repetiu como um processo de resgate kármico. Uma consequência natural do que havia sido plantado no período anterior. O ápice desse resgate foi a Segunda Guerra Mundial. A literal explosão que ocorreu nesse período acelerou a necessidade de uma profunda liberação de cargas acumuladas de ódio e medo pela humanidade.

Nas décadas seguintes, uma nova frequência começou aos poucos a se estabelecer na Terra e a dar os primeiros sinais de mudança: o surgimento da Organização das Nações Unidas, os movimentos dos direitos civis dos negros, hippie, feminista, LGBTQIAP+, a queda do muro de Berlim, entre outros acontecimentos.

Principalmente nos anos de 1988 e 1989 uma grande onda de consciência se expandiu no planeta para dar início a esses processos. Junto a isso, veio o rápido desenvolvimento da tecnologia. A internet veio para dissolver a separação física da humanidade e transmitir a sensação de estarmos interconectados, não apenas online, mas de forma física, emocional, mental e espiritual.

Temos apenas quinhentos e poucos anos de história como nação, e nesse curto período muito sofrimento foi causado, por isso, precisamos levar em consideração que o tempo para purificar essa história sofrida é na mesma proporção. Esse mal que está sendo colhido precisa ser transformado em adubo para que possamos plantar novas ideias e novas ações baseadas no amor. O Universo é matemático, não podemos fugir disso, mas a tecnologia pode ajudar a acelerar um pouco o processo.

Em sete de setembro de 2022, quando o Brasil completou duzentos anos como nação independente de Portugal, senti uma tristeza e uma dor muito profunda por observar tantas divisões e tantos absurdos no campo da política no Brasil. Ideias de intervenção militar e apologia ao uso de armas estavam sendo disseminadas aos quatro ventos como algo normal.

Na mesma semana, Maria Paula Fidalgo, Eduardo Romabauer e Loraine Cristine escreveram o seguinte texto:

> [...] A citação filosófica que inspirou a bandeira brasileira dizia: 'O amor por princípio, a ordem por base; o progresso por fim'. Foi cunhada por Augusto Comte, que afirmava que 'o amor deve ser sempre o princípio de todas as ações'. Tanto a ordem quanto o progresso, sem amor, não fazem sentido. Se hoje nos encontramos divididos entre os que querem ordem e os que querem progresso, talvez seja pela falta de amor a nos orientar e unir.
> Os vínculos de afeto podem ajudar a superarmos a fase complexa

que estamos vivendo de modo abrangente e sem contraindicações. Essa é a mais bela e grandiosa experiência humana, e talvez seja nossa única Missão na terra: aprender a amar. Do seio materno até o suspiro final, nenhuma chance deve ser desperdiçada, principalmente em um tempo desafiador como o que estamos enfrentando.

Qual é, então, o destino que o povo brasileiro merece?

[...] A escolha de destinos requer de nós olharmos mais além. Mas, para isso, precisamos reconhecer de onde viemos. E este caminho já está em curso: a Constituição de 1988 pode ser vista como uma grande expressão de amor. Ela nos conclama a 'promover o bem de todos, sem preconceitos de origem, raça, sexo, cor, idade e quaisquer outras formas de discriminação'. Portanto, decreta, em lei, o que preconizaram os grandes líderes humanistas da história. É importante lembrar o que nosso Hino proclama: 'Brasil de Amor eterno seja símbolo'.

Confiemos em quem somos como nação. Levantemos a bandeira do amor, até que a palavra amor esteja em nossa bandeira. Com seu lema completo, 'amor, ordem e progresso', nossa bandeira poderá voltar a ser de todos nós. E, unidos, poderemos fazer com que o Brasil floresça, e dê sua contribuição ao florescimento de toda a humanidade.

Podemos dizer que na bandeira do Brasil existe uma metodologia: *amor, ordem e progresso*.

6. Autoconhecimento:
a chave para curar as feridas abertas da colonização

Por que um país cujo lema é *ordem* e *progresso* e onde há maior concentração de riquezas naturais do mundo há tanta dificuldade de prosperar? Porque continuamos presos ao passado, presos às velhas formas de pensar, sentir e viver, ou sobreviver. Ignoramos que somos parte da natureza. A consequência disso é o atraso no processo evolutivo e muito sofrimento.

Esse atraso acontece porque o conhecimento espiritual real, da consciência universal, tem sido ocultado de nós pelas religiões, pela educação e pelos governos como ferramenta de controle e de abuso de poder, mas isso não significa que não podemos nos libertar.

Precisamos ter a consciência de que a vida é um jogo. O Planeta Terra é o grande palco desse jogo que tem determinadas regras, e uma delas é o livre-arbítrio. Este jogo é coordenado por uma inteligência divina amorosa, que não podemos compreender, e é assistido por seres de outras dimensões espirituais.

Esses seres não interferem no andamento do processo, mas sempre nos ajudam de maneiras que muitas vezes não percebemos. É o que chamamos de coincidência, sorte ou acaso. Mas a melhor palavra para descrevê-las é *sincronicidade*.

Se você, no entanto, se abrir para a conexão espiritual, é possível tornar o contato com estes seres mais real, e as sincronicidades começam acontecer com mais frequência em sua vida. A chave para estabelecer a conexão espiritual com uma consciência elevada e até mesmo com as outras dimensões da realidade é o *autoconhecimento*. A maioria das pessoas não sabe quem é, não se lembra. É como se toda a humanidade sofresse de amnésia. Esse esquecimento faz parte do processo evolutivo, mas é chegado um momento que é necessário se lembrar, *despertar*.

O despertar da consciência de quem se é, é facilitado quando reconhecemos as necessidades humanas, como segurança, variedade, prazer, reconhecimento, amor, crescimento, felicidade.

Aprendi com meu professor indiano Sri Bhagavan que essas necessidades precisam ser atendidas, mas em certo momento precisamos transcendê-las, ou não evoluímos.

Segurança: É natural que a mente busque segurança em tudo, seja nos relacionamentos, no trabalho, na vida financeira ou na saúde. Queremos ter a certeza de que tudo sairá como planejado. Sabemos que não é possível viver assim, mas insistimos em buscar essa segurança — por meio do controle excessivo —, que, no fundo, sabemos não existir, pois nada e nem ninguém pode segurar o fluxo natural da vida.

Este é um sintoma de imaturidade espiritual, pois ignoramos a impermanência, uma lei básica da vida. Quanto mais tomamos consciência disso, mais a necessidade diminui e deixamos de ser controlados por ela.

Variedade: É maravilhoso variar, pois nos dá muito prazer ir a um restaurante novo, viajar para um lugar diferente e comprar coisas, mas sem consciência, nos tornamos viciados na busca pelo prazer. Embora tenhamos muitas coisas e vivamos muitas experiências, parece nunca ser o suficiente. Essa distorção da mente causa um padrão de escassez, insatisfação e de comparação com o outro.

Reconhecimento: Devido à desconexão espiritual, queremos ser especiais e reconhecidos a qualquer custo. O reconhecimento faz parte da vida e buscá-lo de forma consciente é um estímulo para a evolução. O problema, porém, é não percebermos quando somos controlados por essa necessidade, seja em relação a trabalho, dinheiro ou relacionamentos.

Crescer: Por falta de consciência, buscamos o crescimento econômico a qualquer custo, mas vivemos em um planeta de recursos finitos. O crescimento que tanto buscamos fora, acontece, na verdade, na consciência, única forma pela qual podemos crescer de maneira saudável, pois contemplamos todas as formas de vida ao redor. Com consciência, não ficamos mais obcecados por querer crescer infinitamente, pois não há necessidade de chegar em lugar algum.

Felicidade: Somente alcançamos a felicidade plena quando contribuímos conosco, com os outros e com o planeta, porque ao contribuir, naturalmente crescemos, damos e recebemos amor, somos reconhecidos, temos prazer e nos sentimos seguros, porque nos conectamos com a inteligência universal que sempre provê.

Quando estamos desconectados espiritualmente, sempre sentimos medo diante das incertezas da vida, ficamos entediados quando não temos variedade, nos comparamos com outros diante da falta de reconhecimento, sem amor ou atenção nos sentimos deprimidos e carentes. Nessa desconexão, ficamos confusos, sem saber o que fazer ou como contribuir. Não crescemos e, assim, nos tornamos miseráveis.

Atualmente, a humanidade se encontra em um estado de ignorância das próprias necessidades, que é a causa raiz de todo sofrimento.

O jogo da vida é dividido em fases. Como eu disse antes, nos anos 1980 o planeta entrou em uma nova frequência, uma consequência da mudança de era que estamos atravessando, segundo a astrologia, passamos da era de Peixes para a era de Aquário. Quando uma era termina, o processo e as mudanças ocorrem gradualmente, como a mudança das estações do ano. Não sabemos em quanto tempo tal mudança na consciência da humanidade acontecerá, pois depende de uma série de fatores, como a própria vontade da humanidade de querer mudar. E é aqui que entra a importância do *autoconhecimento*.

A vida é uma grande escola na qual conhecer a si mesmo é o principal objetivo. Se estivermos atentos, *tudo o que existe na sociedade se torna um meio de conhecer a si mesmo*, principalmente os relacionamentos. O mundo sofre com problemas de relacionamentos há muitos anos. Todos temos feridas abertas do processo de colonização. Pois fomos, como sociedade, abusados, estuprados, sugados desde o começo da história. O fato de a nação ter o nome da madeira mais explorada é uma evidência de que carregamos uma ferida que causamos à Terra.

O passado está morto, porém ele continua influenciando o presente e o futuro. Dentro dos processos evolutivos individual e coletivo, uma chave essencial para darmos um próximo passo é o *perdão*. A única maneira de solucionarmos os problemas da sociedade é aprendendo com os erros do passado e liberando-os.

Perdoar é liberar a necessidade de estar certo e de ficar aguardando algo que talvez nunca chegue. É liberar o prisioneiro dentro de você que está preso a vingança. Essa liberação vem com a compreensão de que o que ocorreu nunca foi pessoal, não foi contra você. O mal entendido foi devido à ignorância de uma ou de ambas as partes.

Se alguém fez lhe fez mal, foi por ignorância. Mesmo que acreditemos que tenha sido feito de propósito, com intenção e consciência, se, em um nível mais profundo, a pessoa soubesse e sentisse o mal que ela está causando a si mesma ao machucar o outro, não o faria, portanto ainda se encontra na ignorância. Alguém que faz o mal está cego, e só o faz porque não recebeu amor, não sabe fazer diferente.

Os problemas estruturais aparecem quando implementamos algum projeto que visamos ao futuro. Nossa dificuldade em progredir existe devido às cargas de memórias dolorosas que cada ser humano carrega. É muito difícil perceber se nossos problemas individuais são de ordem estrutural ou de nossa inteira responsabilidade. Por exemplo, devido ao preconceito enorme contra à população LGBTQIAP+, eu, que sou homossexual, sofri muito para me aceitar e me amar como sou por medo de ser rejeitado por minha família e amigos. Hoje tenho clareza de que fui muito influenciado pela estrutura machista e patriarcal que ainda predomina na sociedade.

A estrutura da exclusão baseada no abuso do poder acontece devido a uma cegueira que não permite ver o outro como ser humano com as mesmas necessidades que nós. Ainda vivemos em uma sociedade que alimenta ilusões absurdas. Nossa estrutura mental limitada e obcecada pelo poder não nos permite ver que é possível viver de outra maneira, sem termos que competir uns com os outros. Devemos nos lembrar que para uma pessoa vencer, outro tem que perder, outro deve ser prejudicado e inferiorizado, e essa não é uma atitude amorosa. Observe que os livros mais vendidos em livrarias e aeroportos são sobre como "vencer" na vida. Esse pódio é para muito poucos, e causa muita frustração na sociedade, pois a maioria se sente incapaz. Se o amor estivesse desperto em nossa consciência, compreenderíamos que o verdadeiro *poder* não está no vencer o outro, em ser melhor que o outro, mas em colaborar com o outro, assim como ensinam as árvores de uma floresta, que somente estão de pé pois há uma rede que elas estabelecem para apoiar umas as outras, compartilhando nutrientes.

Há um enorme ressentimento na população, e para acabar com esse ressentimento temos que olhar para todas as feridas e as contas abertas do passado. Olhar para o sistema, que extorque muitos e mantém privilégios para poucos. A nação foi sequestrada pelo pensamento da meritrocacia, que faz com que você olhe apenas para si mesmo, que busque apenas seu próprio crescimento para sua sobrevivência e para satisfazer seu ego. Você acredita que precisa apenas cuidar do que é seu. Não há estímulos para o desenvolvimento da compaixão. A meritocracia é individualismo, fragmentação, e vai contra o amor, que visa a união.

O amor é um estado de consciência que nos permite ter a percepção emocional da interdependência. É quando você vê e sente a rede da vida, como um coral de vozes. Cada um tem seu lugar, portanto não há necessidade de competir ou correr. A harmonia só é possível na diversidade, com diferentes tons e vozes.

O que mantém o amor de fora? O que estruturalmente nos divide?

Nós brasileiros temos um método de Autoconhecimento em nossa bandeira que está oculto, está no inconsciente.

Amor, Ordem e Progresso são princípios que deveriam orientar a nossa vida de dentro pra fora para que possamos evoluir em consciência.

São princípios que nos levam para uma realização espiritual, que só com Amor, que vem de um processo contínuo de autoconhecimento, onde reconhecemos as nossas verdadeiras necessidades e sonhos, que nossa vida entra numa ordem superior, alinhada à inteligência universal que orquestra os melhores acontecimentos.

Ao conhecer quem Eu Sou e ter essa clareza, entro em harmonia com a natureza e com os seus ciclos e o progresso é um consequência natural, que tem a ver com qualidade e não com quantidade.

Talvez essa seja a maior mudança de paradigma da nossa sociedade: entendermos que progresso não tem a ver com quantidade, mas sim com qualidade.

E qualidade de vida só existe se estamos num estado de consciência amoroso.

Portanto precisamos rever urgentemente como sociedade e como indivíduos os nossos valores, pois hoje eles estão invertidos, assim como a bandeira, o progresso está indo para baixo por falta de amor.

7. Brasil: indígena por essência, **feminino** por princípio

Para ser um ativista do amor, é preciso superar o orgulho e o ressentimento. E o perdão é essencial. Para que o perdão ocorra, é necessário colocar a raiva e a indignação para fora. Mas é também preciso transmutar toda a história para se tornar um símbolo do amor eterno. Com o perdão, você não está curando apenas sua ferida, mas está ajudando a reorganizar toda a estrutura de um sistema ultrapassado que não funciona mais. Não adianta permanecermos presos ao ódio e à vingança.

Não é somente por meio da violência que se abre espaço, o amor abre ainda mais possibilidades, mas não pode ser confundido com passividade, o amor é firmeza.

Nos últimos anos, me aproximei do Povo Huni Kuin, do Acre, um povo que somente no século XIX teve contato – violento – com os europeus e seus descendentes. Hoje, poucos séculos depois, esse povo sofrido recebe pessoas do mundo inteiro em suas aldeias e viaja o mundo levando sabedoria e medicinas da floresta para ajudar a curar homens e mulheres que sofrem de diferentes problemas. Os povos originários são um exemplo vivo de perdão. Pois continuam ajudando aqueles que os prejudicaram.

Como povo brasileiro, precisamos com urgência nos envolver em projetos que visem ao bem-estar dos povos originários, pois ajudar os indígenas é ajudar a natureza, ajudar a manter as florestas de pé, pois eles não são algo separado da Terra, têm uma consciência integrada à natureza.

Na visão dos Huni Kuin, a desconexão espiritual é uma grave doença, e medicinas como Ayahusaka auxiliam na purificação do corpo, do emocional, do físico e da mente de ilusões que causam conflitos, fazendo com que possamos enxergar a realidade como ela é: *interconectada*.

Precisamos ver os estragos da falta de amor em nossa sociedade. Existe uma visão que está adormecida na consciência de todos nós, um sonho – descrito em algumas frases do hino nacional – que precisa ser resgatado e que podemos realizar. É esta visão, este sonho que precisa nos orientar.

É um momento de resgate e renascimento.

O primeiro passo é reconhecer o absurdo e a distorção de viver sem saber que somos parte da natureza. Tomar consciência de todos os crimes que têm sido cometidos nesta terra e a partir daí sonhar com algo diferente. *O diferente é o amor*. Para onde devemos ir? Como devemos fazer diferente? Como ascender? Comecemos pela mudança da bandeira.

Compartilho aqui a visão da querida amiga Loraine Cristine, mentora em conflitos femininos, para falar sobre a perspectiva feminina do perdão e a missão espiritual do Brasil.

"Foi em 2020, próximo ao dia em que costumamos celebrar o 'descobrimento' do Brasil, 22 de abril, que os conflitos do feminino e a missão espiritual do Brasil ganharam vida em mim. Experimentei um momento de profunda inspiração e dei passagem a uma canção que clareou meus sentidos e fez pulsar mais forte meu coração. Um trecho em especial me trouxe uma visão. Nela, eu estava em uma tribo indígena, sentada em roda, e homens europeus, exploradores e desbravadores, ajoelhados, pediam perdão às mulheres indígenas.

'*Brasil, Pátria Amada, coração do mundo*
Brasil, Pátria Amada, coração do mundo
As mulheres nativas em mim,
perdoam os forasteiros do velho mundo.'

Ao longo dos anos guiando mulheres, tenho visto cada vez melhor o quanto conhecer os limites da raiva e do perdão criam uma ponte que resgata o feminino e potencializa a missão espiritual do Brasil. É preciso reconhecer a raiva vinda de maus tratos, tortura e violência como um caminho para dar vazão ao sofrimento, aliviando e curando antigos ferimentos da alma feminina. Queremos que a raiva seja uma aliada, uma força que nos engaja.

Conhecer os limites do perdão é uma tarefa pessoal e intransferível, o perdão não pode ser condicionado à ressignificação de um trauma, isso significaria condenar alguém ao próprio fato. Gosto de encarar o perdão como um ato criativo, '*perdoância*', não lembro quando escutei esse termo, mas ele traz a leveza de como, aos poucos e progressivamente, deixar o mal recebido para trás.

Se eu tivesse apenas uma pequena pedra para alterar o fluxo das águas e da história do Brasil, a jogaria sobre os conflitos femininos. Olhar e incluir o feminino é quebrar, romper e ir além da lógica atual que poda o exercício da autonomia, da verdade individual e perpetua a violência.

A lógica patriarcal é nossa tessitura social e tem como estrutura central a ideia de poder *sobre o outro*; é desconstruindo essa lógica que trago o termo *feminino*, para além da guerra dos sexos e da multiplicidade de corpos, é sermos capazes de abrir mão dessa forma de ser, pensar e se relacionar.

Por séculos, o significado do feminino, da feminilidade, foi atrelado ao enigma, ao mistério, descontrole, caos, a algo impuro e foi demonizado, fazendo do *feminino* um depositário de ódio. As consequências desse delírio está no registro das pesquisas de violência contra a mulher no Brasil, que mostram que a cada onze minutos uma mulher é agredida, violentada ou abusada.

Estamos quase sempre sob a influência da lógica patriarcal, que chamo de *as vozes do mundo*, que nos sopram ideias, ditam regras, sequestram a liberdade e engessam as possibilidades de ser. *As vozes do mundo* não estão acontecendo apenas no mundo lá fora, estão, antes de tudo, nos atravessando intimamente. Abrir mão da lógica patriarcal pode nos levar a angústia necessária que revoluciona, traz o novo e faz valer o sentido de resgate da palavra amor na bandeira do Brasil. Não vejo outro caminho, senão o do *autoconhecimento* como uma maneira de nos responsabilizamos pelas mudanças que desejamos. O silenciamento e a ausência de posicionamentos revelam as distorções do feminino, a submissão, a vitimização, o ressentimento e o conformismo ao invés da ação consciente, do engajamento e da revolução.

Resgatar o Amor na bandeira, provoca uma revolução na consciência brasileira e começa, a meu ver, pelo resgate do corpo, da voz, do posicionamento e do feminino. O respeito e a honra que esta terra Brasil merece, o reconhecimento dos povos originários, da abundância de riquezas naturais e biodiversidade, nasce primeiro da aceitação do feminino em cada ser.

O Brasil de consciência desperta e amorosa é aquele que dá o devido lugar ao feminino dentro e fora de nós, que consente as diferenças, respeita, cuida e honra, acima de tudo, a vida.

O novo Brasil já é realidade para cada um de nós que se importa com ele."

8. Sonhar um novo **Brasil**

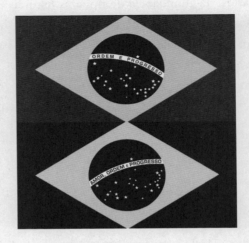

Parece que há muitos séculos temos sido orientados pelo medo, e está mais que na hora disso mudar. Eu me conectei com essa visão e encontrei pessoas que compartilham dessa visão à própria maneira. Cada brasileiro, cada ser humano, independentemente da nacionalidade, tem poder para se tornar um símbolo do amor eterno.

Compartilho aqui uma mensagem de uma querida amiga portuguesa chamada Angelina Almeida, que é especialista em sonhos:

"Nasci em Portugal, com um sonho antigo, semelhante ao de meus antepassados. Eles queriam conquistar um mundo desconhecido e misterioso, eu queria criar um novo mundo. Desde criança eu sonhava com um mundo alegre e amoroso, onde a paz reinasse e onde todos fôssemos livres para viver as aventuras que este mundo nos oferece. Nasci com essa memória gravada em minha alma.

Um dia, sonhei com golfinhos que me guiavam até um paraíso onde eu poderia criar uma nova cultura em que cada um seria livre para ser quem é. Segui meu sonho, encontrei esse paraíso em uma praia deserta do Brasil e fechei as portas do passado, confiando em minhas visões e nos sonhos que me guiavam para um mistério que até hoje me inspira a cada dia!

Vivi, e sonhos e mais sonhos chegaram, a impermanência se tornou minha aliada e aprendi a confiar nos sonhos e a seguir minha intuição.

O Brasil conquistou meu coração, me sinto navegando no imenso oceano de possibilidades que esta Terra tão rica nos oferece. A natureza brasileira nos inspira a honrar a diversidade, as mil cores e formas vivas neste mundo tão mágico, me fazem sentir que aqui é um lugar onde o ser humano ainda pode sonhar, criar e amar. Fato que começa a ser raro neste mundo.

Sei que se muitos de nós tivéssemos a coragem de sonhar com um mundo amoroso e livre, cheio de amor e alegria, tudo isso seria possível, não tenho dúvida, mas também vejo que muitos estão adormecidos, e somente despertos temos coragem para transformar o sofrimento em alegria e nos libertar das prisões que criamos para nós mesmos.

É interessante ver que passamos um terço da vida dormindo, e apesar de a maioria das pessoas acreditar que enquanto dormimos nada acontece, é durante o sono que talvez as dinâmicas mais importantes de nossa vida aconteçam, muitos processos de limpeza energética, cura, transformação, aprendizagem e tomadas de consciência acontecem nos sonhos. O mundo dos sonhos influencia tanto esta realidade quanto o que fazemos aqui na Terra influencia os planos espirituais onde os sonhos acontecem.

Minha visão da bandeira do Brasil é semelhante quando olhamos bandeiras de outros países. Em uma bandeira se grava a intenção e a escolha do povo e da cultura. A Bandeira tem poder, pois representa um povo, uma historia, uma escolha, um ideal. Se cada um de nós que amamos o Brasil honrasse esse ideal, essa escolha que se apresenta como bandeira, o Brasil seria um lugar de amor e prosperidade para todos os brasileiros! As bandeiras são representações poderosas, mas infelizmente as pessoas se esqueceram de olhar de verdade para o sentido da bandeira que pede para ser alimentada por cada cidadão e nos devolve essa mesma escolha que fizemos como povo, nos oferecendo seu poder se formos verdadeiros."

Imagine como seriam o Brasil e o mundo se o amor fosse o fio condutor de todas as ações? Como seria nossa relação com o reino animal? Será que mataríamos bilhões de animais por ano? Será que deixaríamos de poluir as águas e o solo? Como seria a economia? Haveria tanta desigualdade e pobreza? Como seria a educação, a política, a ciência, a saúde?

As páginas a seguir serão dedicadas a propor um exercício de imaginação, para que mente e coração humanos sigam com a capacidade de *sonhar*. Um dia acordei, com a seguinte frase em minha mente: *Depois de sonhar, apenas plante e siga em frente.*

Tenho o hábito de, pela manhã, escrever intuitivamente o que sinto. Certo dia, escrevi o seguinte: "O processo de decomposição está intenso. Temos que reconhecer que tudo está se decompondo, e este processo é necessário. É neste momento que o solo fica fértil para que novas sementes sejam plantadas.

Preste atenção: este é um momento de plantio. O período da colheita não está em nossas mãos, portanto, é preciso fazer tudo o que pudermos. Plante todas as novas sementes possíveis e abra mão dos resultados. Não espere nada, apenas siga em frente, plantando uma semente de cada vez com atenção e amor.

Talvez você fique distraído pelo processo de decomposição, pois isso pode te impressionar, mas não se preocupe. Se ocupe de pensar, sentir e fazer de modo diferente do que está acostumado.

A mente, o coração e o corpo devem estar vazios para serem ocupados por novas atividades. Purifique e ative as virtudes necessárias para criar algo novo neste momento. O novo é o amor. Eu Sou a Semente da Nova Humanidade".

Para fazer algo novo com amor, é preciso desenvolver muitas virtudes, pois, para chegar ao amor, é preciso passar por muitos processos de evolução. Se a vida é como uma escola e a prova final é aprender e viver o amor incondicional, para passar nessa prova, é preciso aprender as virtudes que abrem o coração para o amor.

Em cada momento da vida, ou seja, em cada fase, é necessário desenvolver uma virtude diferente. Há momentos em que você será convidado a exercer a paciência, em outros, a confiança, depois a coragem, a prudência, a resiliência, a flexibilidade, a generosidade, a vulnerabilidade, a humildade etc.

Cada virtude é um estudo profundo, uma matéria da escola do coração. Quanto mais você se conhece, mais desenvolve a arte de sonhar e de olhar para dentro, por meio do silêncio, da meditação, da contemplação da natureza ou da oração, mais abre espaço para o despertar dessas qualidades.

9. O **ativismo** como uma carta de **amor** ao Brasil

Eu não sou ativista ambiental, mas reconheço a importância desta função. Porém mais importante do que ajudar a transformar a realidade externa, é o estado de consciência que se busca ao fazer esta transformação.

Não adianta ajudar a preservar as florestas com ódio e sede de vingança por aqueles que destroem o meio ambiente. Somente com autoconhecimento e conexão espiritual é possível mudar hábitos negativos que colaboram com a destruição do meio ambiente. Toda transformação real acontece a partir de um estado de consciência conectado com a inteligência universal amorosa.

Logo, a fundação para a criação de um mundo mais sustentável é o despertar da consciência amorosa em nós, seres humanos. Este despertar somente acontece por meio do autoconhecimento, pois somos o resultado de sete fatores: o que nós pensamos, sentimos, falamos, fazemos, comemos, consumimos e como e com quem nos relacionamos.

Estes sete fatores determinam nossa realidade, e a maioria de nós não tem consciência disso. Quando você começa a se observar e a meditar, sua consciência passa a perceber que você se torna o que pensa e o que sente.

Muito do sofrimento que experimentamos vem dos pensamentos inconscientes da mente coletiva devido à alimentação violenta com base na matança de animais. São bilhões de animais mortos por ano.

A violência contra o reino animal também contribui para o desmatamento das florestas e a poluição do meio ambiente. Portanto, se você quer ajudar a tornar o mundo mais sustentável, além de se autoconhecer, pare de comer carne, ou pelo menos diminua o consumo, pare de comprar de marcas que não se preocupam com o meio ambiente.

Não há, entretanto, transformação sem prática, então, passe a observar a maneira como você pensa, sente, fala, faz, come, consome e se relaciona. É preciso estar sempre consciente dos sete fatores que determinam sua realidade. Se não estiver atento, você cai na incoerência, e a vida trava, as coisas não fluem.

Quero sugerir que você faça uma prática de conexão com esses sete fatores para alinhar seu coração com à Mãe Terra. Uma Prática de Conexão Espiritual de 21 dias que chamo de Prática Abra Coração.

Será um processo de purificação para qualquer pessoa que deseje sinceramente abrir o coração para uma nova vida. Recomendações:

- Escolha pelo menos uma coisa da qual abster durante 21 dias. Pode ser açúcar, carne, bebida alcoólica, café, redes sociais, qualquer hábito que te dê prazer e que se tornou um vício.
- Não reclame da vida, ao contrário, agradeça.
- Reconheça suas incoerências.
- Nesses 21 dias, do momento em que acordar até o momento em que dormir, você se perguntará, diante das diferentes situações do dia a dia: O que o amor faria? Como meu coração responderia à essa situação?
- Observe como você esquece que é parte da Terra. Então aproveite e lembre que você é uma célula deste organismo maravilhoso e pergunte à Mãe Terra: Como posso servir melhor hoje? Como posso amar mais hoje? Como posso evoluir mais hoje? O que realmente importa agora?

Todos os problemas, sejam estruturais, como racismo, violência, miséria, ou individuais, como ansiedade, insegurança, descontrole emocional, surgem devido à desconexão espiritual, que vem desde nossas raízes ancestrais.

Confrontar não significa ser violento. O Amor precisa ser firme, e a firmeza vem do feminino, como o colo de um útero, que é fino, delicado, porém forte. A quem o amor não interessa? Quando o amor não nos interessa? Porque abrimos mão do amor? Quais são os impedimentos para amar? É uma questão de escolha?

Não há escolha quando vemos apenas exemplos ruins da falta de amor. Precisamos ser símbolos do amor. A ideia romântica do amor parece perfeita, mas o amor real não é perfeito. Ele é um processo em eterna construção.

10. A importância de resgatar o **"amor"** na bandeira

Em setembro de 2017, sonhei que precisava projetar a bandeira do Brasil, com a escrita *amor, ordem e progresso*, no peito da estátua do Cristo Redentor, no Rio de Janeiro. Quando acordei, meditei como de costume e minha intuição me confirmava com muita clareza que eu precisava fazê-lo. Mas eu pensava: como vou fazer isso? Que loucura!

Então, liguei para uma querida amiga, Mariana Amaral, idealizadora da Virada Sustentável e da Virada Zen, para perguntar se ela tinha o contato de alguém que trabalhava na administração do Cristo Redentor, pois ela realizava eventos no Rio de Janeiro, e ela me disse que tinha o contato do assessor do Padre Omar, que era um dos responsáveis pela administração do Cristo Redentor e trabalhava na Arquidiocese do Rio de Janeiro.

Enviei uma mensagem para ele e disse que gostaria de fazer um evento no Cristo em 19 de novembro, dia da bandeira, e queria saber como poderia fazer isso. A resposta da administração foi muito demorada, e como eu tinha apenas dois meses para organizar algo tão complexo, resolvi adiar para 22 de abril de 2018, dia do "descobrimento" do Brasil.

Nesse meio tempo, conheci o famoso designer Hans Donner, que criou o logo da TV Globo e a abertura de muitas novelas e programas de televisão, como *Fantástico*, por exemplo.

Hans também tinha uma paixão por incluir o *amor* na bandeira do Brasil, e mais do que isso, ele teve uma grande sacada. Graças ao olhar de designer, ele percebeu que a faixa branca de nosso lema incompleto "Ordem e Progresso", está em sentido descendente. Nas palavras do próprio Hans: "qualquer palavra poderia estar escrito no sentido descendente, menos progresso".

Em uma entrevista que fiz com Hans Donner em seu escritório na TV Globo no começo de 2018, ele me mostrou claramente a diferença entre a bandeira atual e a bandeira com *amor* e a faixa para cima. Nas palavras dele "o fato de mudar o sentido da frase, ao olhar a pessoa fica diferente, a bandeira com amor 'inspira a vida', é quando você puxa a vida e a bandeira com a faixa pra baixo nos remete quando ficamos sem ar".

Ele mostrou que não é o único a defender essa causa. Diz Hans: "Essa ideia não é nova e já foi defendida por um monte de gente — do sociólogo Darcy Ribeiro ao músico Jards Macalé". Darcy era "amor" para a educação, para os indígenas e para o Brasil. A viúva de Darcy realizou o sonho do educador mais incrível que o Brasil já teve.

Durante seu mandato no Senado, entre 1991 e 1997, Darcy Ribeiro elaborou a proposta e tentou fazer um acordo com o então presidente do Senado, José Sarney (PMDB). Tramita na Câmara de deputados, desde o ano de 2003, o projeto de lei 2179, do deputado Chico Alencar, que altera a Lei 5.700 de 1.971 exatamente com o objetivo de incluir a palavra amor, na bandeira nacional. A matéria foi desarquivada em março de 2011 e está na Comissão de Constituição e Justiça aguardando distribuição do relator[19]. No entanto, após relatório desfavorável na comissão, o projeto foi engavetado. "Ao reduzir o lema para 'Ordem e Progresso', perdeu-se a essência do pensamento positivista, razão pela qual pretende acrescer-lhe a palavra 'Amor'", escreveu o deputado na justificativa do projeto.

À época, o deputado Vic Pires Franco (DEM-PA), que relatou o projeto, disse que o lema que está na bandeira "já se incorporou ao inconsciente coletivo pátrio como representação da nossa nacionalidade, tendo, por tal fato, sido mantido por mais de um século"[20].

---

19   ALENCAR, Chico. Projeto de Lei 2179/2003. *Câmara dos Deputados*. Disponível em: https://www.camara.leg.br/proposicoesWeb/fichadetramitacao?idProposicao=136692. Acesso em 15 out. 2024.

20   FRANCO, Vic Pires. Parecer do Relator, 3 nov. 2004. *Câmara dos Deputados*. Disponível em: https://

Eu, Ricardo, acredito que é justamente por o lema já estar incorporado ao inconsciente coletivo pátrio como representação de nossa nacionalidade que devemosresgatar o amor no lema. É como fazer um *chamado* ao inconsciente coletivo.

Quando estava no Senado, Eduardo Suplicy (PT-SP) fez um discurso defendendo o amor na bandeira[21]:

> A palavra Amor, que deveria estar ao lado de Ordem e Progresso, acabou sendo retirada. Eu quero aqui apoiar a posição do deputado Chico Alencar, que apresentou o projeto de lei, com o objetivo de acrescentar a palavra "amor" na bandeira brasileira. [...] O movimento denominado "Inclua amor na bandeira" foi lançado na internet, onde todo brasileiro pode votar na internet no site www.incluaamornabandeira.org[22]. Toda pessoa poderá votar e enviar as razões do seu voto.
>
> O cantor e compositor Jards Macalé retoma em tema de seu nono disco, *Amor, ordem e progresso*, a discussão da falta da palavra *amor* na bandeira brasileira. O tema está no CD em "Positivismo", de Noel Rosa e Orestes Barbosa, que versa sobre uma mulher que desprezou tal lei. Dizem os versos: "o amor vem por princípio, a ordem por base e o progresso por fim / Desprezastes esta lei de Auguste Comte / e fostes ser feliz longe de mim".
>
> "Não seria demais acrescentar a palavra amor a nosso lema, ainda mais nesse momento em que vivemos um momento de tanta violência"[23], afirma Jards Macalé, que enquanto não consegue inserir a preciosa palavra em nossa bandeira, luta por isso em seu novo trabalho. São doze canções sobre assuntos variados, como paixão, abandono, alegria, ironia, mas em quase todas há a palavra amor. Na peça *Os Sertões*, de Euclides da Cunha, sobre a Guerra de Canudos e Antonio Conselheiro, Encenada pelo dramaturgo José Celso Martinez Correa em seu teatro Oficina e exibida em Fortaleza e em Canudos, há uma passagem muito simbólica sobre o tema, na qual o personagem que representa o Marechal Deodoro corta com um

---

21 SUPLICY, Eduardo. *Amor, Ordem e Progresso*. Youtube, 20 dez. 2012. Disponível em: https://www.youtube.com/watch?v=cWiofhTXOKw. Acesso em: 16 out. 2024.

22 Site desativado.

23 "Boa música é a bandeira de Macalé". *Jornal de Brasília*. Disponível em: https://jornaldebrasilia.com.br/promocoes/boa-musica-e-a-bandeira-de-macale/. Acesso em: 16 out. 2024.

golpe de espada a palavra *amor* da bandeira nacional. Em verdade, a palavra amor foi retirada pelo grupo de militares orientados pelo tenente coronel Benjamin Constant Botelho de Magalhães.

No início do século XXI, o mundo começou a viver um novo paradigma. Dividimos os paradigmas da humanidade desde seu princípio em três. O primeiro paradigma é de uma economia onde todos ganhavam, pois as populações viviam de trocas, escambo. Ninguém ganhava e ninguém perdia. As guerras eram raras, e principalmente: havia a busca de alimentos; o segundo paradigma, a que chamaremos "ganha-perde", ocorreu nos últimos dez mil anos, abrangendo os períodos agrário e industrial, pois foi após a invenção do dinheiro e do metal que as guerras começaram. A violência passou a ser o centro de todas as ações políticas e econômicas. E quem tinha mais dinheiro levava vantagem sobre quem tinha menos. Assim começa a divisão da sociedade em classes: a dos opressores e a dos oprimidos; já o terceiro paradigma, ao contrário do segundo, não é movido pela mercadoria, mas pelos intangíveis, como o conhecimento, as ideias e a informação.

O que concluímos é que o segundo paradigma ainda é muito poderoso, mas estamos começando a nos conscientizar sobre a impossibilidade de mantê-lo ou chegaremos fatalmente ao violentíssimo paradigma "perde-perde", em que todos perderemos e à natureza faltará apenas transformar-se. Nós, seres humanos, é que somos a espécie predadora e intrinsicamente cruel que prefere matar a juventude a perder privilégios. Entretanto, somente alguns estão descobrindo as leis do terceiro paradigma, que se baseia no *amor* e na *solidariedade*. Que nos permitirá voltar a uma consciência moderna na bandeira brasileira. Considero positiva a ação do movimento "inclua amor na bandeira" e do Deputado Chico Alencar, que colocou para a sociedade a discussão do tema em nosso país. A presença do amor na bandeira nacional nos inspirará e nos guiará na busca por maiores esforços para efetivamente aplicarmos os instrumentos de política econômica e social que farão do Brasil uma nação justa e solidária, onde finalmente reinará a paz se erradicarmos as razões de tanta violência.

A partir do momento em que decidi abraçar o projeto de lançar o Movimento *amor, ordem e progresso* no Cristo Redentor, muitos sinais e sincronicidades começaram a chegar até mim, e diferentes pessoas, como a atriz Denise Fraga, começaram a falar sobre a importância de resgatar o *amor* na bandeira.

> Palavras têm poder e nossa língua portuguesa carrega pequenos atos falhos que revelam características do comportamento do seu povo na semântica de alguns de seus ditos corriqueiros.
> Encontrei o maior dos atos falhos na frase de nossa bandeira. Para quem não sabe, a origem de nosso "ordem e progresso" é a frase positivista "O amor por princípio e a ordem por base; o progresso por fim." Simplesmente acharam que poderiam tirar o amor. Justo o amor, que, como disse Auguste Comte, o autor da frase, é o princípio de tudo. Devem ter achado que era óbvio. Que esse, todos tinham. Ledo engano. Fala-se de ordem, faz-se tudo pelo progresso, mas nenhum esforço é feito pelo amor.[24]

(Denise Fraga na sua peça "Eu de você fala da falta do **AMOR** na bandeira).

---

24   FRAGA, Denise. "Denise Fraga: 'Palavras têm poder e nossa língua portuguesa carrega pequenos atos falhos'". *Revista Crescer*. Disponível em: https://revistacrescer.globo.com/Colunistas/Denise-Fraga/noticia/2019/05/denise-fraga-palavras-tem-poder-e-nossa-lingua-portuguesa-carrega-pequenos-atos-falhos.html. Acesso em: 16 out. 2024.

11. A projeção da bandeira do Brasil no **Cristo Redentor**

Visitei algumas vezes o Rio de Janeiro para conhecer pessoas e falar sobre o projeto. Em uma dessas visitas, fui convidado para palestrar em uma casa espiritualista chamada Casa Padre Pio, em Botafogo. No final da palestra, um homem se apresentou como Guilherme e contou ter ficado muito tocado com o projeto, pois ele é tataraneto do tenente Benjamin Constant, considerado o fundador da República do Brasil e pai do Positivismo no Brasil. Guilherme contou também que a esposa e as filhas de Benjamin Constant costuraram a primeira bandeira do Brasil, e que nela devia estar incluída a palavra amor.

Em fevereiro de 2018, sonhei que o coração do Brasil, o Rio de Janeiro, precisava passar por uma cirurgia espiritual. À noite, depois de muito de tempo de insistência, recebi a resposta do acessor do Padre Omar, afirmando que eles gostariam de marcar uma reunião para saber mais sobre o projeto da bandeira com "amor" no Cristo Redentor.

Na semana seguinte, fui ao Rio de Janeiro com uma amiga querida, a cantora Isabella Trindade. Quando chegamos ao Rio, ficamos em choque ao ver que o endereço aonde íamos era Rua Benjamin Constant, 23, 7º andar - Glória.

Pra completar a perfeição desta sincronicidade, não pude acreditar que na mesma rua do prédio da arquidiocese, quase em frente, tinha uma casa bem antiga em reforma, onde na faixada se via escrito: O Amor por princípio, a Ordem por Base, o Progresso por fim. Esses sinais deixavam extremamente claro que estávamos no caminho certo e que não deveríamos ter dúvidas sobre o sucesso do projeto.

Figura 1 - Prédio em frente da Arquidiocese do Rio de Janeiro, na Rua Benjamin Constant onde tem o lema original da bandeira do Brasil.

Figura 2 – Reunião com padre Omar para aprovação do projeto de projeção da bandeira no Cristo Redentor.

Figura 3, Figura 4, Figura 5 - Projeção da bandeira redesenhada pelo designer Hanns Donner no lançamento do movimento **AMOR, ORDEM E PROGRESSO** no Cristo Redentor. Rio de Janeiro. 22 abril de 2018.

Fomos muito acolhidos pelo Padre Omar, que aprovou o projeto para seguir na fila de aprovação com outras pessoas.

Isabella ajudou e ainda ajuda neste projeto com suas canções intuídas do plano espiritual que elevam a frequência, como a canção chamada Mãe Gentil[25].

O dia começou cedo, com uma meditação ao amanhecer aos pés do Cristo Redentor, depois fomos para o Parque Lage, onde fizemos o lançamento aberto ao público geral do movimento *amor, ordem e progresso* com o plantio de um pau-brasil que simbolizava o perdão à esta terra.

Figura 6 (acima) e **7** (abaixo: Volta ao Cristo Redentor pala lançamento do movimento **AMOR, ORDEM e PROGRESSO**).

---

25   Escute a canção no QR Code desta página.

Nesse dia, tive a alegria de contar com a presença de muitos amigos queridos de diversas partes do Brasil, entre eles dois amigos músicos, Filipe Stein e Fabrício Ahau, que compuseram músicas dedicadas ao resgate do amor na bandeira do Brasil.

À noite, retornamos ao Cristo Redentor para projetar a bandeira com o design de Hans Donner e finalizamos com uma cerimônia indígena de Ayahuaska. Foram quatro eventos em um único dia <ver figuras 8, 9 e 10 na página 80>.

Em poucos dias, o vídeo de divulgação do projeto viralizou. Foram mais de 100 mil visualizações. Mas eram tantos os comentários negativos que resolvi deletar o vídeo. Senti como se estivéssemos em uma inquisição digital e fiquei sem energia por quase um mês. Tive até que pedir ajuda para duas pessoas que trabalham com a espiritualidade para me ajudarem a sair daquela vibração baixa, pois estava muito difícil. Maria Silvia Orlovas e Sri Prem Baba me deram um suporte muito importante naquele momento e sou muito grato a eles. Quando me recuperei, assumi para mim mesmo que não estava

pronto para seguir com o projeto de mudar a bandeira do Brasil. E em meio a uma extrema polarização política, percebi que os brasileiros não estavam prontos para entender a importância de fazer este resgate.

Em 2021, voltei a ter sonhos e intuições sobre reativar o projeto, mas de outra maneira. Precisava terminar o livro. Curiosamente, recebi um convite de uma colunista da Veja SP para falar sobre o projeto. Semanas depois, Eduardo Rombauer e Gustavo Tanaka me chamaram para retomar o projeto de resgatar o amor na bandeira do Brasil, com direito a uma matéria no *Folha de S. Paulo*.

O amor amplia nossa visão e nos leva adiante. Falar de amor e viver o amor nunca foi tão necessário.

Figura 8 (acima à esquerda), **9** (acima à direita: - Ricardo Cury, Maria Paula Fidalgo e Hans Donner no lançamento do movimento AMOR, ORDEM E PROGRESSO no Cristo Redentor. Rio de Janeiro, 22 abr. 2018) e **10** (abaixo).

12. O profundo significado do **Hino Nacional**

Em junho de 2022, resolvi ir à Amazônia conhecer a aldeia dos Yawanawas, me conectar profundamente com o propósito de escrever este livro e de ter forças para finalizá-lo.

A família dos Yawanawa já tinha ido até minha casa em 2014, e o cacique Biracy havia me feito o convite de conhecer a aldeia, no rio Gregório.

Meu vôo saia do aeroporto de Viracopos em Campinas com escala em Brasília. Duas sincronicidades aconteceram nesta viagem. A primeira, foi ter me sentado ao lado de uma mulher que também estava indo para o Acre, para uma aldeia do Povo Huni Kuin, a mesma do pajé Ixã, que viajou para a Europa comigo. A sensação de estar fazendo a coisa certa ficou bem forte no meu coração.

Para ficar ainda mais claro que estava no caminho certo, quando entrei no vôo de Brasília para Rio Branco, vi sentada, Dona Francisquinha! Uma líder indígena e curandeira que conheci em 2012, em Pedra Bela. Em 2013, Fui parar "sem querer" em sua aldeia à convite do amigo Luiz Gonzaga, na primeira vez que fui para a Amazônia.

Fiquei chocado quando a vi, e, para completar, meu assento no avião era bem atrás dela! Entrei em um estado de *graça* tão grande que parecia estar embriagado de tanto amor. Como o Universo pode ser tão perfeito e amoroso para organizar estes eventos com tanta precisão?

Figura 11: Com dona **Franscisquinha** em um encontro inesperado no avião indo à Floresta Amazônica em **2022**.

Era uma sincronicidade tão clara que me confirmava a necessidade de finalizar a escrita do livro, pois foi através da Ayahuaska que Dona Francisquinha me deu em 2013 que recebi do plano espiritual a informação sobre Amor, Ordem e Progresso.

Figura 12 - Com dona **Franscisquinha** em um encontro surpreendente na Floresta Amazônica em **2013**. Rio Croa - **Acre**.

Me senti tão cuidado pela inteligência divina que escrevi depois o pequeno texto a seguir.

"Sincronicidades te conduzem ao Caminho Real.

A maneira mais eficaz de saber se você está no seu caminho real é quando acontecem sincronicidades. Saiba reconhecer quando elas acontecem e perceba como você está sempre sendo cuidado. Achar que são apenas coincidências é imaturidade espiritual.

Uma mente limitada não consegue ver a beleza e a magia que existem na vida. A linguagem do Universo que te guia é sutil, mas ela se manifesta sempre, se você estiver atento.

Você colabora com a criação de eventos sincrônicos quando está vivendo a partir de um estado elevado de consciência. Por isso que é importante meditar diariamente para manter sua conexão viva. Isso significa que você tem participação na manifestação de situações aparentemente milagrosas.

Lembre-se que você é o próprio milagre e tudo ao seu redor é sagrado. Resgatar o sentido que a vida é um milagre e sagrada é retornar para o Eu Sou.

Eu Sou Milagre.

Eu Sou Mistério."

E não parou por aí. Havia baixado aleatoriamente algumas palestras para escutar naquele voo de quase quatro horas. Depois que o avião decolou, peguei o celular para escutar uma palestra da Professora e filósofa Lúcia Helena Galvão sobre a importância de renovar a vida através de técnicas de estudo. Ela diz[26]:

> [...] o Hino Nacional Brasileiro. Aquele que a gente memorizou lá no jardim de infância. Eu pelo menos com meus 6 anos de idade, já estava em pé no pátio da escola, junto com a minha turminha com a mão no coração vendo o hasteamento da bandeira cantando inteira essa letra. Eu acho que vocês devem ter aprendido nesta idade também? Acho louvável e necessário aprender o hino, mas o que a gente aprendeu disso? Será que prestamos atenção?
>
> As pessoas tem que aprender não só conteúdos, mas como aproveitar esses conteúdos, como se aprofundar e como achar o coração das coisas.
>
> Se a gente não ensina isso para as pessoas, só ficamos com um monte de conteúdo superficial e vazio.

Fiquei em choque por estar escutando aquela palestra sobre o hino do Brasil logo depois de ter encontrado Dona Francisquinha. Fiquei ainda mais emocionado e lágrimas caíram de meu rosto de gratidão por tantos sinais. Nas palavras de Lucia Helena[27]:

> O Hino é sempre um ato de fé, é um voto. Você não canta à toa. Você não canta para espalhar essas letras aos ventos, você canta porque está se comprometendo com ele. Nas escolas nos ensinavam a cantar com a mão no coração, ou seja, um compromisso. Mas será que você entendeu com o que você está se comprometendo?
>
> [...]

---

26   GALVÃO, Lúcia Helena. "S38 Ep2: #482. O segredo da vida – Aula II." 2 fev. 2022, 35min. *Spotify*. Disponível em: https://open.spotify.com/episode/1rVVfSs4qB2mEdkfKJxQLJ?si=A2SGLvAIQ6Sy0ZSzc-9fVNA&t=379. Acesso em: 17 out. 2022.

27   Idem.

"Ouviram do Ipiranga as margens plácidas / De um povo heróico o brado retumbante, / E o sol da Liberdade, em raios fúlgidos, / Brilhou no céu da Pátria nesse instante."

Desde esse momento do grito da independência somos livres. Desde o dia que decretamos a independência nos comprometemos, nós, filhos da Terra, nos comprometemos a defender a Liberdade, a nossa e dos nossos irmãos. [...]

"Se o penhor dessa igualdade / Conseguimos conquistar com braço forte! / Em teu seio, ó Liberdade, / Desafia o nosso peito a própria morte!"

Igualdade e liberdade conquistada com esforço. Eu conquistei a igualdade desta terra e considero esses país igual à qualquer outra pátria na sua dignidade, no seu valor, no seu respeito. [...] Eu protejo mais uma vez a Liberdade e a Igualdade, e aqui adicionaria a Fraternidade

"Se o penhor dessa igualdade / Conseguimos conquistar com braço forte, / Conquistamos igualdade com braço forte. / Em teu seio, ó Liberdade, / Desafia o nosso peito a própria morte! / Igualdade e liberdade conquistada com esforço. / Ó Pátria amada, Idolatrada, Salve! Salve!". Saudações à Pátria.

"Brasil, um sonho intenso, um raio vívido, / De amor e de esperança à terra desce, / Se em teu formoso céu, risonho e límpido, / A imagem do Cruzeiro resplandece."

Quando o cruzeiro resplandece no céu, há um raio de amor e de esperança. Cruzeiro no Céu, amor e esperança na Terra. É um pacto que temos com o Brasil. [...] Ou seja, se lá em cima está o Cruzeiro do Sul, aqui embaixo eu sou uma estrela que promove amor e esperança.

Aqui, eu adicionaria que o Brasil é um sonho intenso do plano divino, que vem como um raio vívido. Ou seja, precisamos viver este sonho, tornar ele realidade, e isso só acontecerá quando confiarmos em nossa intuição. Nossas ações devem ser inspiradas pelo impulso do coração, que é como um raio vívido.

"Gigante pela própria natureza, / És belo, és forte, impávido colosso, / E o teu futuro espelha essa grandeza." Que ele é grande e belo já sabemos. Agora se o futuro irá espelhar essa grandeza isso depende do que iremos fazer com este presente. Se depender de mim, espelhará.

Porque tudo o que a natureza me dá de melhor, tudo o que meu país me dá de melhor eu procuro utilizá-lo para que se torne melhor ainda. Eu não sou somente um explorador, um predador. A minha interação com este país é: pegar tudo aquilo que ele me dá e devolver a ele melhor ainda. [...]

Gigante, pois é um país enorme, belo, pois temos uma natureza belíssima, forte, futuro garantido por ser grandioso. Enumera as qualidades da pátria.

"Terra adorada / Entre outras mil / És tu, Brasil, / Ó Pátria amada!" Amor e preferência por esta terra. Que entre outras mil eu prefiro esta terra. Tendo consciência ou não, eu escolhi nascer e viver nesta Terra.

"Dos filhos deste solo / És mãe gentil, / Pátria amada, Brasil!" Brasil é Mãe dos filhos desta Terra.

[...] Eu posso considerar que todas as terras do mundo são dignas de respeito e de amor. Mas eu preciso começar por algum lugar. Porque não começar pelo lugar que me deu luz, que me nutriu, que me deu vida, dando o meu melhor, fazendo o meu melhor por ela? [...] Aqui no sentido espiritual, pode ser visto de cima, como um lugar escolhido para que possa surgir uma nova humanidade, tendo como princípio o amor.

"Ó Pátria amada / Dos filhos deste solo / És mãe gentil, / Pátria amada, / Brasil!" Não tenho dúvida, é Mãe, pois é ela que vem me nutrindo. Se eu pudesse a analisar os componentes físicos do meu corpo, de que terra foi tirada. Foi dessa terra. Assim também foi com o corpo dos meus pais, talvez dos meus avós. [...]

"Brasil, de amor eterno seja símbolo / O lábaro que ostentas estrelado, / E diga o verde-louro dessa flâmula / Paz no futuro e glória no passado" Lábaro e flâmula significa bandeira. A bandeira é um símbolo de amor eterno. [...] Cantamos o hino a vida inteira mas não fomos ensinados a considerar a bandeira como realmente um símbolo. [...] O Hino está dizendo amor eterno, paz no futuro e glória no passado.

Esta é a maior prova que o *amor* precisa estar na bandeira.

Ao cantar o hino, me comprometo com essa associação, ou seja: ao ver esse símbolo, vou me recordar que me comprometi a amá-lo por toda a vida, porque ela, a Terra, me garantiu a vida, me deu tudo que tinha, me nutriu, e devolvi com meu amor e minha gratidão.

O que mais ele representa? Paz no futuro. O quanto eu puder, quando eu ver esse símbolo, quando eu ver o cruzeiro do sul lá em cima, irei promover paz e harmonia nesta Terra, fazer dela uma terra de paz, e glória no passado. E talvez você acredite que não há glória no passado, mas tudo no mundo é dual.

Nossa história está cheia de glória, basta que você você honre o passado dizendo: "Quando eu me lembrar do passado, irei lembrar do passado, todos cometeram erros, no mundo inteiro". Aqui entra a importância do perdão. Não existe povo na Terra que esteja com a memória limpa de acontecimentos desastrosos, porém constroem o amor e o vínculo de amor à Terra glorificando as grandiosidades do passado. É assim que funciona.

Se injustiçado, lutarei até a morte, seja por guerras e invasões, ou ataque aos símbolos e valores desta terra, vou defendê-la. Eu defendo esses valores quando Eu Sou um símbolo, um exemplo do amor eterno.

Você sabia que você tinha se comprometido com tudo isso? Você sabia que se esperava tudo isso ao cantar o hino? Você já tinha parado para fazer essa análise?

Acho que na maior parte dos casos, não. Não paramos para pensar o que é um símbolo e não o respeitamos ou sabemos o que significa. Achamos que a bandeira é apenas um pedaço de pano verde e amarelo sem significado. Muitas vezes não entendemos quais são os valores de um país ou porque devemos nos dedicar a preservá-los. Não sabemos o que é se colocar a favor, o que é amar um país. O hino fala tudo e você se comprometeu com ele inconscientemente.

Nós passamos pelas coisas flutuando, sem prestar atenção, e precisamos aprender, principalmente quando se trata do hino nacional que recitamos centenas de vezes, a ressignificá-las, torna-las parte de nossa vida, de nosso dia a dia, e honrar a bandeira do país a que pertencemos.

Sabe as coisas que muitas vezes tomamos como verdade sem parar para analisar? Coisas que ouvimos da mídia, de amigos e familiares, informações recebidas ao longo da vida cujo significado desconhecemos? Você tem consciência do poder que a palavra tem? Você conhece as ideias por trás das palavras que pronuncia?

Palavra é compromisso. É capturar a essência das coisas. Mas somente quando capturamos a essência das coisas podemos fazer este compromisso conscientemente.

Ouvimos músicas que nos levam a um baixo estado de consciência, contamos piadas cheias de preconceitos, falamos mal de outras pessoas, assistimos a filmes e jogamos jogos repletos de violência e normalizamos o sofrimento como parte do cotidiano. Podemos dizer que estamos viciados no sofrimento.

Fazemos isso porque estamos muito adormecidos e acostumados a sofrer.

Parte **2**
O que o **amor** faria?

O que o amor faria em cada área da vida?

Esta é uma pergunta essencial, que aprendi com a amiga Mercê Souza, a ser feita para os momentos desafiadores pelos quais todos nós estamos passando. Imagine que poderoso se cada um fizesse essa pergunta.

Nesta segunda parte, a intenção é, por meio de pessoas que têm exercitado o amor, inspirar cada brasileiro a ser o símbolo do amor eterno. É impossível que apenas uma mente traga as soluções necessárias para o Brasil e para a humanidade. São necessárias mentes e corações alinhados e conectados a um propósito evolutivo para colocar o amor em ação.

13. O que o **amor** faria por nossa relação com a floresta **amazônica** e com os povos **originários?**

Com **Karina Miotto** e **Maíra Irigaray**

A Deputada Federal Célia Xakriabá diz que "antes do Brasil da Coroa, existe o Brasil do Cocar. Antes do Brasil do verde e amarelo, existe o Brasil do jenipapo e do urucum. Não conheceremos o Brasil antes de conhecer a história indígena" [28].

Infelizmente, nós, brasileiros, não temos consciência de nossa riqueza natural e cultural. "Segundo a Funai, a população indígena no Brasil, em 1500, equivalia a aproximadamente 3 milhões de habitantes, dos quais cerca de 2 milhões estavam estabelecidos no litoral e 1 milhão no interior[29]. Atualmente, O Brasil tem 1.693.535 de pessoas indígenas, o que representa 0,83% do total de habitantes do país, segundo dados do Censo 2022 divulgados pelo IBGE. Mais da metade (51,2%) da população indígena está concentrada na Amazônia Legal, região formada pelos estados do Norte, Mato Grosso e parte do Maranhão. Quando considerada a totalidade de indígenas vivendo no país, 622,1 mil (36,73%) residem em Terras Indígenas e 1,1 milhão (63,27%) fora delas. Três

---

28   SANTOS, Elaine. "Apresentações no Teatro Guaporé marcam encerramento da mostra estudantil de arte e cultura indígena". *Governo do Estado de Rondônia*. Disponível em: https://rondonia.ro.gov.br/apresentacoes-no-teatro-guapore-marcam-encerramento-da-mostra-estudantil-de-arte-e-cultura-indigena/. Acesso em: 16 out. 2024.
29   GUAZZELLI, Mariana. "Genocídio indígena: entenda os riscos e preocupações que a população nativa do Brasil enfrenta". *Humanista*. Disponível em: https://www.ufrgs.br/humanista/2021/09/24/genocidio-indigena-entenda-os-riscos-e-preocupacoes-que-a-populacao-nativa-do-brasil-enfrenta/#:~:text=Segundo%20a%20Funai%2C%20a%20popula%C3%A7%C3%A3o,milh%C3%B5es%20estavam%20estabelecidos%20no%20litoral. Acesso em: 16 out. 2024.

estados respondem por quase metade (46,46%) das pessoas indígenas vivendo nas Terras Indígenas: Amazonas (149 mil), Roraima (71,4 mil) e Mato Grosso do Sul (68,5 mil)[30.]

Estima-se que em 1500 havia cerca de 600 mil línguas sendo faladas pelos nativos indígenas. Hoje existem apenas 154, segundo estudos realizados recentemente pela USP, no livro *Línguas indígenas: tradição, universais e diversidade*[31].

Os Povos originários são os guardiões das florestas. Colaborar com a preservação da riqueza cultural que existe aqui nesta terra, é colaborar com a preservação da Mãe Gentil que nos dá tudo. Preservar é um ato de amor.

Compartilho um texto profundo de Karina Miotto, jornalista ambiental, mentora de agentes da mudança e autora e fundadora do Reconexão Amazônia, projeto pioneiro no Brasil em unir ciência à espiritualidade na proteção da Amazônia brasileira, onde viveu por cinco anos e trabalhou com importantes ONGs, como o Greenpeace e a Amazon Watch. Foi editora do site *O Eco* e coordenou a cobertura jornalística dos nove países da bacia amazônica. Especializada em Ecologia Profunda, possui mestrado em Ciência Holística pela Schumacher College, na Inglaterra.

Maíra Irigaray trilhou diversos caminhos ao longo da vida. Inicialmente, trabalhou como advogada internacional, fazendo parte da equipe que levou o caso de Belo Monte à Comissão Interamericana de Direitos Humanos. Mais tarde, optou pelo ativismo de base, vivenciando momentos históricos ao lado de povos indígenas e tradicionais na defesa dos rios Xingu e Tapajós e de seus modos de vida. Em 2015, iniciou os estudos de doutorado em geografia na Universidade da Flórida, com foco na pesquisa das geografias da resistência indígena por meio da luta do povo Munduruku. Seu trabalho utilizou métodos antirracistas e descolonizadores, o que a fez ganhar o Prêmio Shmmink de melhor tese.

---

30   CABRAL, Uberlândia; GOMES, Irene. "Brasil tem 1,7 milhão de indígenas e mais da metade deles vive na Amazônia Legal". *Agência IBGE Notícias*. Disponível em: https://agenciadenoticias.ibge.gov.br/agencia-noticias/2012-agencia-de-noticias/noticias/37565-brasil-tem-1-7-milhao-de-indigenas-e-mais-da-metade-deles-vive-na-amazonia-legal#:~:text=A%20popula%C3%A7%C3%A3o%20ind%C3%ADgena%20do%20pa%C3%ADs,contados%20896.917%20ind%C3%ADgenas%20no%20pa%C3%ADs. Acesso em: 16 out. 2024.

31   STORTO, Luciana. *Línguas Indígenas*: Tradição, Universais E Diversidade. Campinas: Mercado de Letras, 2019.

Do Símbolo ao Compromisso: o impacto potencial da inclusão do *amor* na bandeira do Brasil na defesa da Amazônia e dos Povos Originários

Por **Karina Miotto**

Cresci na cidade, mas sempre tive conexão profunda com a natureza e me mudei para a Amazônia depois de escutar seu chamado durante um ritual espiritual. Por mais de cinco anos morei na floresta, em dois diferentes Estados: Amazonas e Pará. Trabalhei exaustivamente, como jornalista ambiental, para denunciar a morte e participei de ações ativistas para impedir seu avanço sobre a vida. Criei eventos TEDx transformadores como estratégia para unir heroínas e heróis que tinham e ainda têm como sonho comum proteger a Amazônia. Fiz tanto, mas tanto, que a decepção veio com tudo. Chegou arrombando as portas dos meus sonhos e me atravessou por completo: não dá. Só informação para o cérebro não dá.

Relatórios sem fim, números, gritos de protesto. Não dá. Raivas, decepções, tristezas – a luta é árdua, requer uma resiliência emocional extraterrena. Supra--humana. Caí. Foi queda livre. Depois de centenas de reportagens escritas, me dei conta de que escrevia apenas aos meus iguais. E percebi que, para chegar aos outros e furar a bolha, eu estava deixando de acrescentar na equação o outro lado do cérebro – nem só de cognição vive o homem. Compreendi que cuidar de uma floresta tão vasta, misteriosa e importante quanto a Amazônia requer emoção e sentimento.

Não adianta falar que se a continuarmos destruindo, ela vai passar do ponto de não retorno e se transformará em um deserto. Não basta sabermos que o planeta está aquecendo e que viveremos um caos generalizado do clima em todo o mundo e nem adianta falar mil vezes que o aquecimento global e as alterações climáticas extremas a nível planetário estão, sim, relacionados com a morte criminosa dessa grande fonte de vida que é a Amazônia. Que os povos originários estão morrendo, que ativistas têm sido assassinados e que a carne, o bifinho, ainda é o principal vetor de destruição da floresta. Não adianta falar. E falar de novo. E de novo.

Boa parte da humanidade se transformou em gente anestesiada, sem autorresponsabilidade e com um senso de vitimização e egoísmo enormes. "Eu, abrir mão do meu bife...? Jamais". E, enquanto isso, a floresta morre, o planeta aquece e todos pagaremos um preço muito alto por opções de consumo de bilhões de pessoas que comem a Amazônia todos os dias. E, pera aí...onde foi que tudo isso começou, mesmo? Ah, tá. Na falta de conexão emocional com este *ser magnânimo* que é o espírito da floresta. Pois é. Animismo, parte de uma das primeiras correntes filosóficas da Grécia antiga, o Pampsiquismo dizia que tudo tem alma. O psicanalista Carl Jung afirmou que a "natureza é espírito" e os indígenas sabem muito bem o que isso significa. Para eles, assumir o espírito de todos os seres é óbvio.

Saia pelas ruas fazendo às pessoas esta simples pergunta: "Você sabe o que é Amazônia?". Eu já fiz isso e ouvi de tudo: "uma floresta.", "uma floresta?", "uma floresta..." e "uma floresta!". E aí, se você vai além e pergunta "o que mais você sabe sobre a Amazônia?". Em 90% dos casos: cri. cri. cri. As pessoas não sabem.

Muita gente pelo mundo ainda não se conectou com esta floresta. Pesquisas para meu mestrado em Ciência Holística na Schumacher College revelaram erros históricos que fizeram com que esta floresta não fosse devidamente vista, valorizada e amada pelo povo brasileiro – e pelos demais povos que têm a bênção de estar em sua presença nos outros oito países da Panamazônia. A saber, estou falando de Brasil (quase 60% da floresta está no nosso país) e os outros 40% se dividem entre Peru, Colômbia, Bolívia, Equador, Venezuela, Guiana, Guiana Francesa e Suriname.

Portanto, a Amazônia *não é* "nossa". *Ela pertence a si mesma. E nós pertencemos a ela, não o contrário. Jamais o contrário.* A desconexão emocional do povo brasileiro com a Amazônia começou com os exploradores europeus: eles chegaram em nosso país e voltaram escrevendo, desenhando e definindo a Amazônia conforme duas visões: ou ela era chamada de "inferno verde" – ou seja, se você se perder ali, ou se bobear, morre. Ambiente inóspito, quente e perigoso. Ou era enaltecida como misteriosa, mágica e cheia de lendas. Exótica e incompreensível. Essas duas versões distorcidas da realidade foram parar em nossos livros de história, geografia, nos cinemas e na literatura. E as pessoas das cidades que têm a bênção de dividir espaço do mesmo país com ela cresceram com essas duas visões que, aos poucos, se tornaram parte do inconsciente coletivo de nações, passou a ser vista apenas e tão somente como reservatório infinito de "recursos ambientais" para fins exploratórios usurpadores, irresponsáveis e antiéticos.

Se o *amor* estivesse na bandeira brasileira desde o início, talvez nosso povo tivesse tido mais atenção com o que é sagrado. A frustração que senti como jornalista me fez investigar caminhos e descobrir que devemos trabalhar incessantemente para que nossa sociedade reconheça a floresta enquanto *Ser* e que passe a ensinar, desde cedo nas escolas, o que ela *realmente é*.

Um trabalho profundo e estrutural deverá ser feito em todas as esferas da educação e da sociedade para honrar o amor por este bioma. Tudo deverá ser recriado. Nova educação, mais abrangente, que provoque a conexão cultural com os povos da Amazônia. A comunicação midiática também deve se inovar e transformar-se com foco em informar para inspirar, dar luz e mais espaço às boas iniciativas de proteção da Amazônia, dar mais espaço para o pensamento que vem de dentro da floresta, de quem a protege. Dar mais apoio a líderes e organizações que realizam trabalhos sérios e de base. Denunciar, sim, mas não apenas.

Nova forma de fazer e comunicar a ciência também é necessária, as pessoas precisam entender o que os cientistas querem dizer. Dados complexos devem poder serem lidos e compreendidos por pessoas que não têm experiência alguma com academia. E, para isso, faz-se necessária uma nova linguagem.

Uma nova forma de turismo é igualmente necessária, muitas vezes já vi turismo predatório na floresta, com uso de animais como cobras, araras, bichos preguiça em cativeiro, com fome e sede, fracos, sendo exibidos a turistas como se fossem os animais mais dóceis do planeta. Isso não se faz. É antiético. Turismo na Amazônia deve ser respeitoso, amoroso, inclusivo e deve deixar algo em troca para a floresta, seja contribuição financeira aos povos amazônicos, seja árvores plantadas ou o que for.

Enfim, um novo olhar é preciso. A conexão emocional com a floresta é urgente. Somente cuidamos do que amamos. Um povo que se une amorosamente em torno de uma causa pode, sim, provocar mudanças profundas e necessárias. Por isso, o *amor* na bandeira deve trazer consigo muitas ações conscientes e de longo prazo, para que de fato possamos ver, um dia, os brasileiros e outros povos do mundo falarem da Amazônia com muito brilho nos olhos.

Como seria se mais brasileiros amassem os indígenas?

Por **Maíra Irigaray**

Escrevo este texto em meio à tristeza de testemunhar a pior seca já registrada no Amazonas. O lago Tefé secou e, em outubro de 2023, mais de 120 botos foram encontrados mortos devido à temperatura extrema da água, que atingiu 40ºC. Neste momento, mais de cinco mil comunidades na Amazônia ainda carecem de acesso à eletricidade e à internet, e agora correm o risco de perder tudo. Se o rio Tefé secar, essas comunidades ficarão permanentemente isoladas no deserto árido que a floresta está se tornando gradualmente. É nesse contexto que abordo o tema do amor. O amor é a chave, pois "amor" é um verbo que requer ação, e a situação atual da floresta e de suas populações tradicionais demanda, mais do que nunca, ações audaciosas.

Minha vida teve início às margens do Rio Araguaia, onde desde tenra idade estive imersa na natureza. Anos mais tarde, minha conexão com as águas sagradas do Xingu foi fortalecida por minha mentora e líder do Movimento Xingu Vivo, Antônia Melo, que me batizou em suas águas revitalizantes. Refletindo sobre essa trajetória, percebo que minha vida tem sido moldada pelos rios, que há muito tempo ditam minha história. Hoje, residindo às margens do Rio Tapajós, testemunho como a seca gradualmente desenha suas margens cada vez mais distantes, criando praias intermináveis.

No entanto, minha jornada não reflete a realidade da maioria dos brasileiros, em um país que frequentemente negligenciou e desconsiderou o valor das terras indígenas e das comunidades que as habitam. A construção da imagem do indígena na mente do brasileiro foi profundamente influenciada por um pensamento eurocêntrico que perdurou por séculos. Até meados do século XX, prevalecia o mito de que a Amazônia era uma floresta vazia, com escassa presença humana, gerando a percepção de que as terras indígenas estavam desabitadas e, portanto, disponíveis para ocupação e exploração. Essa perspectiva deturpada, aliada a políticas de desenvolvimento econômico que priorizavam a expansão a qualquer custo, resultou na marginalização e invisibilidade das populações indígenas, gerando um impacto devastador sobre o meio ambiente.

Essa mesma visão permeou as políticas públicas e o cenário jurídico do país. Apesar dos avanços proporcionados pela Constituição de 1988 e pela Convenção 169 da OIT, as ações atuais do Brasil continuam minando os progressos na proteção humanitária dos povos indígenas ao mesmo tempo que concedem acesso a grandes projetos extrativistas e de infraestrutura em suas terras. Desde 1994, mais de trinta projetos de lei foram apresentados ao Congresso com o objetivo de revisar seus direitos territoriais ou abrir suas terras para mineração.

O discurso de ódio nos custou caro. Hoje vivemos um crítico momento na Amazônia, que apesar de se destacar como uma força insubstituível na estabilização do clima e na conservação da biodiversidade, nas últimas cinco décadas perdeu 20% de sua cobertura outrora intocada, oscilando à beira de um ponto de não retorno perigoso que poderia transformá-la em uma savana árida. Enquanto isso, indígenas dão muitas vezes a vida para proteger a floresta e, apesar de representarem menos de 5% da população global, permanecem como sentinelas inabaláveis de 80% da biodiversidade da Terra.

Vamos ser francos, se apenas incluir "amor" na bandeira do Brasil mudasse algo, hoje teríamos ordem e progresso. Agora, se incluirmos o amor no coração, já é muito diferente... Um enfoque orientado pelo amor reconheceria a riqueza das culturas indígenas e sua profunda conexão com a natureza. O amor nos levaria a ver as terras indígenas como lugares de conhecimento ancestral e harmonia com o ambiente.

E, se existe uma hora de urgência para resgatarmos o amor como um princípio fundamental em nossa sociedade, reconhecendo seu poder de transformação e sua capacidade de unir, curar e inspirar, é agora! Nesse sentido, vivemos um momento histórico no país com a bancada do cocar. Indígenas que se destacam em posições de liderança política e trazem para o mudo todo o poder e sabedoria da sua ancestralidade, que é um tesouro de conhecimento que merece ser reconhecido e valorizado em nossa busca por soluções para as questões ambientais e sociais que enfrentamos atualmente.

Para os povos indígenas, a Terra não é apenas um recurso a ser explorado, mas um ser vivo com o qual compartilhamos uma relação sagrada. Além disso, suas práticas tradicionais de tomada de decisão, resolução de conflitos e organização social demonstram uma harmonia intrínseca entre os seres humanos, a comunidade e o meio ambiente. Portanto, considerar e incorporar as perspectivas indígenas em nossas abordagens para enfrentar desafios globais pode ser um passo crucial em direção a um futuro mais sustentável e equitativo. Precisamos nos unir como sociedade e como nação para adotar uma abordagem mais amorosa em relação à Terra e uns aos outros.

O diálogo intercultural e a colaboração entre o conhecimento indígena e científico podem e devem crescer exponencialmente e são fundamentais para o desenvolvimento de soluções abrangentes na Amazônia. Reconhecer a complementaridade dessas perspectivas enriquece nosso entendimento da complexidade da floresta e de seus desafios. Casos de sucesso de colaboração entre indígenas, governos e organizações demonstram que quando as vozes das comunidades locais são valorizadas e integradas ao processo de tomada de decisões, os resultados são mais eficazes e sustentáveis.

Para promover uma nova mentalidade que valorize a interconexão entre todos os seres vivos e a floresta, é essencial incorporar ensinamentos indígenas nos sistemas educacionais, descolonizar o conhecimento, enriquecendo o currículo e cultivando uma geração de indivíduos que compreendam a importância de cuidar da Terra e de todas as criaturas.

A palavra *amor* na bandeira, portanto, requer muitas ações subsequentes para que possamos, de fato, aumentar nossa conexão emocional com a Amazônia e com os povos indígenas. É um trabalho conjunto, com comprometimento e visão de futuro diante das urgências que temos agora e pela frente enquanto humanidade.

Quando o amor for o princípio de nossas ações em benefício da floresta, agiremos em integridade e aprenderemos que não existe separação entre meu ser e o ser floresta. E isso deve ser sentido, para além de meramente informado. Se meras ações do pensamento se provam ineficazes para provocar mudanças na velocidade que queremos e necessitamos, é porque chegou a hora de ampliar o olhar para o sinto, logo, existo.

Que venha o amor.

14. Como seria nossa relação com a **agricultura** se houvesse **amor**?

Entrevista com **Ernst Götsch**

Em dezembro de 2021 tive o privilégio de entrevistar Ernst Götsch, um agricultor e pesquisador por natureza, que migrou para o Brasil no começo da década de 1980, se estabelecendo em uma fazenda na Bahia, e criou a agricultura sintrópica, um tipo de sistema agroflorestal. Desde então, vem desenvolvendo princípios e técnicas que integram a produção de alimentos à dinâmica de regeneração natural de florestas.

Ernst veio da Suíça pela primeira vez na década de 1970 e testemunhou em suas primeiras semanas no Brasil muitas atitudes sem amor com relação à Terra, como a destruição causada pelas monoculturas do milho e da soja. Abalado pela realidade presenciada, ele voltou para a Suíça, onde passou a se dedicar a criar agro-ecosistemas nos quais as plantas se sentem bem, sem tentar adequá-las às condições cada vez piores. Ele, então, chegou à conclusão de que a solução não está apenas na adubação de cultura ou na adubação, mas no trabalho do ecossistema. "A gente tem que criar agro-ecossistemas de acordo com as condições originais daquele lugar. O agrossistema tem que ter a mesma dinâmica da floresta na qual está inserida. Nós que devemos nos adaptar à natureza e não a natureza se adaptar à nós." – Diz Ernst.

Perguntei a Ernst: como podemos evitar um colapso e escapar do suicídio coletivo?

Ao que ele respondeu: "Todos nós sabemos o que é certo e o que é bom. Mas, por covardia, não queremos pagar o preço para mudar. O adiamento das mudanças necessárias faz com que cada erro que cometemos se torne uma frequência desarmoniosa para a vida no planeta, fazendo com que a presença humana seja inoportuna. A agricultura é o maior fator de destruição no mundo inteiro. A partir do momento que decidimos pagar o preço para mudar, o planeta, de braços abertos, nos ajuda, nos agradece.

Nosso ecossistema não tem inimigos. Quando algo desconhecido, como uma planta, surge na natureza, eu pergunto: o que será que esse ser faz de bom? Não tenho dúvida de que apareceu para fazer algo bom".

É um questionamento profundo o que Ernst faz, pois é como se nós, seres humanos, fôssemos tão arrogantes que achamos que a natureza criaria algo que não fosse útil. Tudo tem uma função na natureza, mas estamos tão desconectados que não conseguimos enxergar isso.

Ernst continua: "Primeiro eu deixo a planta ali para observá-la, porque eu não a conheço, e depois, quando a conheço, posso integrá-la ao manejo. E aí quando conheço outra planta eu penso: mais uma aliada! Assim também é com o que são consideradas pragas, que são, na verdade, integrantes do 'departamento' de otimização de processos de vida. Não há pragas em nosso ecossistema, as pragas somos nós. O pulgão, o besouro ou a lagarta não atacam movidos pela fome, na verdade, a fome foi o meio que ela recebeu da vida para poder realizar sua tarefa ou para poder transformar o ato de ingerir em algo prazeroso.

Como posso interagir para que tudo prospere? O que você faria se alguém vem até você tentando te explorar? Você se defende e se recusa, e isso resulta em escassez, o que gera conflitos que se transformam em guerras e mortes.

Ao contrário, entretanto, a aplicação dos princípios de amor incondicional e de cooperação resulta em sucesso para todos, pois o que é feito com prazer resulta em abundância. E abundância é a pré-condição para a paz, e a paz para a vida.

Aplicando os princípios do amor incondicional e cooperação chegaremos à paz e teremos de volta o paraíso. Seríamos capazes de fazer a mudança necessária, mas precisamos de uma consciência e de uma fração significante de pessoas, que deve começar de cima para baixo, começando pelo Legislativo e o filosófico. É preciso criar uma ética, ou retomá-la, pois tudo é submetido à interesses pessoais, e é preciso amor pela pátria, amor ao lugar em que vivemos, e isso nos falta hoje em dia por completo.

Todos os seres humanos precisam encontrar um propósito para ser útil ao planeta. Por exemplo, um terço do que o ser humano produz é descartado, aniquilado sem que nem os animais possam aproveitar, mas poderíamos fazer diferente, deixando os animais participarem. Todos os animais têm uma função, e se soubéssemos apreciar a presença deles, teríamos muito mais abundância, porque todos eles contribuem para isso."

Perguntei também a Ernst por que ele acha que o ser humano trata a natureza de maneira tão destrutiva? Por que não conseguimos enxergar que somos parte da natureza? Ele respondeu que isso acontece porque o ser humano resolveu há um tempo criar as próprias leis de forma desconectada da natureza, que tem as próprias leis, os próprios princípios que não são levados em consideração, ou que na verdade foram esquecidos pela grande maioria, já que não recebemos este conhecimento em nossa educação.

"Para que a agricultura sintrópica se popularize, são necessários alguns fatores indispensáveis, como, por exemplo, levar a produção para grande escala. Se três ou quatro grandes empresários adotarem a agricultura sintrópica e forem economicamente bem sucedidos, outros empresários os seguirão, pois são movidos pelo lucro. Estou trabalhando muito para isso, para construir as máquinas que tenho desenhado e parcialmente começado a construir, que denomino *Peace Farming Technology*, ou seja, uma tecnologia para uma agricultura da paz. Pois toda a tecnologia que utilizamos hoje é tecnologia de guerra, para combater insetos, ervas invasoras e eliminar vegetação.

É preciso também investir na educação, porque o que se tem ensinado é que as relações intraespecíficas têm base em concorrência e competição fria, como explorar ao máximo animais e plantas".

Ernst continua: "Outra coisa importante é a agricultura horizontal e vertical nas grandes cidades, para que as pessoas aprendam a conviver e interagir com plantas. Poderíamos trabalhar juntos para criar um sistema de captação de água da chuva, podar árvores, plantar flores etc. Todos seríamos felizes, pois estaríamos colaborando uns com os outros.

As grandes corporações, entretanto, não acreditam que esse sistema seja lucrativo. O sistema atual lucra com a maldade, cria muita desigualdade, e uma sociedade desigual dá pouquíssimo lucro. Mas uma sociedade com uma melhor distribuição de renda e um alto nível de consciência, abre muito mais possibilidades.

A maioria dos empresários sabe que hoje em dia, na economia, estamos apenas criando dinheiro de forma artificial, saqueando e destruindo, mas não estamos criando riqueza de verdade. Isto é suicídio, não tem futuro".

Ao escutar Ernst, acessei uma sensação muito forte de que realmente estamos em um caminho contrário ao da evolução e que não sabemos nada devido à nossa profunda desconexão espiritual e com a Terra. Perguntei, então, a Ernst o que ele acha que pode acontecer se o amor for resgatado na bandeira do Brasil.

E ele disse: "essa mudança na bandeira daria subsídio para mudar algumas leis e dar um impulso para deixarmos de ser anti-constitucionais. Com o amor, poderíamos aumentar o orgulho de viver em uma terra tão bela e rica, e ao invés de saquear a beleza, aumentá-la. Aqui no Brasil temos tudo à mão, apesar de tanta destruição."

Continuei a pergunta: é difícil fazer uma mudança real na agricultura?

"Tecnicamente, é fácil. Apenas precisamos reconhecer que não somos os comandantes ou escolhidos deste Universo ou deste planeta, somos apenas parte de um macroorganismo, uma célula. Precisamos ver o quanto dependemos deste macroorganismo, do bem-estar dele. Ele não depende de nós.

A partir do momento que um grupo de células começa a se comportar de forma desarmoniosa em relação ao organismo do qual faz parte, ele induz modificações que o transforma em algo como câncer naquele organismo.

Assim a pergunta para de ser 'como posso explorar este lugar? Como posso ganhar o máximo possível neste lugar?' E passa a ser: 'como posso agir para que minha interação seja benéfica e harmoniosa com todos que são submetidos à minha ação neste organismo?'. Nosso maior obstáculo para mudar é filosófico. Precisamos criar consciência para atingir uma massa crítica".

Ernst também explicou o significado de agricultura sintrópica: "Sintropia é contrária à entropia, termo associado à desorganização, à degradação de sistemas, à perda de energia. Toda a agricultura atual praticada é entrópica.

A agricultura sintrópica propõe reordenar, restaurar o ambiente natural, a floresta. Em vez de criar áreas de proteção permanente, criar áreas de inclusão permanente do ser humano.

Além de permitir várias produções ao mesmo tempo, a rentabilidade é muito maior, pois o desempenho é superior. As áreas de cultivo de cacau rendem setenta arrobas por hectare, enquanto as áreas de cultivo tradicional a média é de vinte arrobas por hectare, e sem gastar com insumos externos, pois não é preciso trazer adubo de fora e muito menos agrotóxicos. Quando há insetos em excesso que podem prejudicar a plantação, ao invés de usar agrotóxicos e eliminar aquilo, me pergunto: 'onde foi que eu errei?' E procuro corrigir.

Grandes empresários já estão colaborando com a disseminação da agricultura sintrópica com o desenvolvimento de máquinas e de equipamentos para a produção em larga escala em áreas maiores".

Percebo que o problema está na resistência ao novo. A maioria não quer fazer mudanças, dá trabalho. É "mais fácil" arrancar tudo, depenar a floresta, jogar veneno e plantar apenas uma coisa.

Temos muito trabalho de transformação pela frente, mas tenho esperança em saber que há solução para não continuarmos neste modo destrutivo que cada vez mais causa prejuízos ambientais e colabora com a aceleração das mudanças climáticas, *e que esta solução está em amar a natureza.*

15. Com seria a ocupação da **Terra** se houvesse **amor**?

Por **Paulo de Luca**

O reflexo final da expressão humana do amor é o Planeta Terra. Começamos com o amor-próprio, transbordamos ele para nossos entes queridos, vamos para o local de trabalho, queremos resolver as mazelas humanas e até mesmo as ambientais. Mas existe uma expressão de amor ainda maior, que vai além das causas ambientais, que passa despercebida, apesar de óbvia. Certa vez ouvi uma pessoa dizer que para conhecer o nível de consciência das pessoas em uma cidade, bairro ou comunidade, bastava conhecer o aterro sanitário daquele povo. Ou seja: conhecer as pessoas pelo lixo que elas produzem. O lixo é a expressão final da maneira como ocupamos o planeta e isso pode ser entendido superficialmente, mas também de maneira bem profunda.

Nos últimos anos, tenho me dedicado a entender o processo de ocupação humana no planeta e a criar uma visão holística e inovadora para tal processo. Criando projetos que tem como lema o *novo* e como a base fundamental o *amor*.

Não é mais possível imaginar o novo sem amor. Fomos criados por uma geração que inovou, mas sem conexão com o amor. Criamos o parto tecnológico, celulares inovadores, diversas tecnologias, filmes... mas guiados por um senso profissional desprovido de amor. E tudo isso se deve às crenças do ambiente onde fomos criados e ao estado de consciência que vivenciamos como indivíduos e como sociedade.

Algumas tendências de urbanização foram criadas por pessoas que tinham uma visão de desenvolvimento muito técnica em uma época onde o amor estava muito distante do mundo profissional.

Hoje, vivemos as consequências desse processo, como favelas, esgotos a céu aberto, pessoas em situação de rua, depressão, doenças respiratórias, desastres naturais e trânsito excessivo. E, é claro, há também o lado bom do modelo de urbanização criado, facilidades, disseminação de ideias, possibilidades de encontros e convergências.

Devemos, então, aprender com os erros e acertos e dessa vez criar com *amor* como sinal de um amadurecimento coletivo, é uma expressão do ponto onde estamos como humanidade, que já requer um novo direcionamento. Novas tendências surgem a todo tempo, mas existe uma ainda não percebida: é aquela que aponta para a reconexão, para o natural e para hábitos ancestrais benéficos. Por isso, criei uma metodologia de Design de Propriedades que engloba essa tendência principal: a de se reconectar.

Quais são os caminhos de reconexão que levam o ser humano a ter bem-estar pessoal, coletivo e ambiental? Ou seja, como ocupar e viver neste planeta criando ambientes que gerem oportunidades de amor a si mesmo, ao próximo e ao ambiente que nos cerca?

Todo esse trabalho envolve um sonho coletivo, que começa muitas vezes no inconsciente e vai dando lugar a sonhos pessoais. No início, as pessoas acham que esse desejo de morar, ocupar, criar projetos mais integrados à natureza é algo muito pessoal, mas acabei descobrindo que é um fenômeno, ou melhor, é parte de um fenômeno. Algo que entra na vida de várias pessoas, em vários lugares do planeta, de maneira aparentemente aleatória, mas tem uma similaridade enorme. Parte de uma nova fase, um novo tempo que está sendo inaugurado e que as próximas gerações vão viver ainda mais como realidade.

Em 2015, criamos um projeto chamado Terra da Unidade e a Escola da Unidade, que é parte de um sonho muito intenso que me perseguia desde 2007. Nesses dois projetos, em uma terra sagrada e especial de quinhentos hectares, fizemos uma experiência de planejamento e design usando o conceito da inovação e criação com amor e algo muito doido aconteceu, chegaram 62 famílias, número permitido pelo desenho e tamanho da terra, e todas elas, apesar das diferentes histórias, nacionalidades, caminhos espirituais etc. guardavam esse mesmo sonho.

Nas palavras de Marcos Guião, um grande professor e conhecedor de plantas medicinais, responsável pela Ervanária que tem na área comum da Terra da

Unidade: "Parecia que era um sonho meio comum, que pairava no ar, e que de repente se tornou a nossa realidade."

E o mais doido é que no início de tudo eu não imaginava que iria me tornar um apaixonado por esse tipo de trabalho, design de propriedades, eu apenas tinha um chamado muito forte para criar o projeto pontual da Escola da Unidade, que acabou criando o projeto da Terra da Unidade na sequência. E hoje já estamos seguindo essa missão, com equipes em diversas partes do Brasil.

Mas como é de fato esse sonho para mim? Porque para ser coletivo ele também é individual, um não existe sem o outro...

Lembro de quando participei do Rio +20, um megaevento sobre meio ambiente, antes mesmo da história da Terra da Unidade começar, em um painel chamado Nova Terra, houve uma atividade que pedia para sonharmos o que seria essa nova terra. Nesse dia, tive uma visão muito clara, totalmente experiencial, de pessoas vivendo de forma muito amorosa, elas se movimentavam e faziam muitas atividades em conjunto, mas sem o peso de rotinas exaustivas. Eu via crianças com dons superdesenvolvidos fazendo coisas que para nossa mente atual seria inimaginável, crescendo juntas e livres em ambientes totalmente preparados para elas, e não pensado apenas para adultos.

Eu vi comidas saudáveis crescendo com ajuda da tecnologia, de maneira integrada, sem a percepção atual de que é a tecnologia que destrói a natureza, e com os costumes ancestrais de conexão, como se a inteligência artificial tivesse encontrado uma forma de se naturalizar, deixando de ser artificial. Afinal, o que é artificial em um planeta onde tudo é natureza?

Parecia surreal ver que as pessoas não se esforçavam tanto para as coisas básicas e que a tecnologia tinha virado uma aliada para a reconexão. Pois há um tempo e uma tranquilidade que gerações inteiras não experimentam mais, as posses foram ressignificadas. E, então, naturalmente, o verdadeiro amor expulsou todo o medo. Uma sociedade onde o amor é a base fundamental: das relações, dos planejamentos, da arquitetura, da criação dos filhos, do modo como usamos os recursos naturais. É um pequeno grande detalhe que muda tudo radical e absolutamente!

Naquele dia, eu entendi de uma vez por todas que o resgate da tecnologia ancestral, não significa voltar ao velho, andar para trás. *Eu entendi que o futuro de fato é ancestral.* E que a tecnologia e a ciência moderna se encontram a cada dia em tudo o que pesquisam e em que se aprofundam: a ciência e a tecnologia ancestral.

Ou seja, a fusão da ciência e da tecnologia moderna com a ciência e a tecnologia ancestral cria uma nova possibilidade de viver neste planeta como jamais imaginamos. Tivemos que ir do ancestral ao extremamente moderno, para em uma nova volta integrar tudo e viver uma realidade onde ambos criam uma *nova maneira de ocupar o planeta e nele conviver.*

Nessa visão, em determinado momento, 'diminuí o zoom', pude olhar do alto e percebi algo fabuloso: a organização dos assentamentos humanos estava em núcleos de pequeno e médio porte, conectados uns aos outros, mas com certa distância. Ou seja, não havia aglomerações gigantescas. Parecia que cada um contribuía de alguma forma para o todo funcionar, as funções de cada núcleo eram como as de células, que juntas faziam um organismo funcionar.

Essa visão mexeu muito comigo, demorei algum tempo para conseguir digerir e até mesmo falar com outras pessoas sobre ela. É a primeira vez que escrevo sobre, mesmo que de maneira resumida, e meu objetivo é despertar em você esse sonho.

Não tenho dúvida de que já iniciamos essa transição, em nosso atual estágio de evolução mental e de consciência, é claro, mas aposto muito nas gerações futuras. Meu filhos já estão crescendo em nossos projetos, totalmente integrados à natureza, a mais nova nasceu em casa com uma parteira incrível. Eles já são novos seres e têm oportunidades de vivenciar uma nova maneira de conviver.

Acredito fortemente que juntos criaremos uma base e daremos suporte para novas ideias brotarem, para novos modos de fazer, para novas soluções que nem sequer passam em nossa cabeça, nem no momento mais criativo possível.

Todos os dias, antes de dormir, conto histórias para meu filho do meio. Estimular a imaginação dele é uma forma preciosa de criar um ser sem limites. Outro dia, ele mesmo pediu para ouvir uma história sobre imaginação, do nada, sem eu nunca ter falado para ele sobre ativar a imaginação. Foi uma faísca para eu ir ainda mais longe nisso. Contei em algumas noites a história de um menino que aprendeu a ativar a imaginação e criou soluções incríveis para o planeta Terra, soluções que ninguém conseguia imaginar.

Os olhos dele brilhavam ao pensar em todos os problemas que já não existiriam mais no planeta. No final da história, falei que o menino tinha o nome dele, Suryan.

E você, como você imagina o planeta ocupado de maneira amorosa? Como imagina que seria se o medo, que estimula a maior parte das interações do mundo, fosse colocado para fora pelo verdadeiro amor?

Pare por alguns minutos e acesse essa nova possibilidade, que já existe. Quanto mais pessoas como eu e você conseguirem perceber essa realidade, mais e mais ela vai ser tornar palpável.

16. Como seria se houvesse **amor** na criação das crianças?

Por **Mariana Mattos**

Se desejamos criar uma realidade amorosa, é essencial e inevitável voltarmos a atenção para a criação consciente e amorosa das crianças, versões mais atualizadas da humanidade. Elas carregam a semente do futuro. Nós, adultos, somos versões antigas, com risco de sofrermos um bug – planetário – se não nos rendermos a uma nova formatação, que pode se dar, unicamente, pelo amor.

Se queremos um futuro amoroso, é essencial ensinarmos as crianças a não terem medo de amar e serem amadas. A partir desse *amor*, as crianças terão coragem de acessar a criatividade, a própria essência, terão autoconfiança para viver, se relacionar e contribuir com o planeta na máxima potência de uma forma poderosamente única!

O amor é o que dará às crianças a motivação para o estudo e a ativação da inteligência para a criação de soluções e invenções que poderão gerar a transformação da realidade humana atual e do contexto ambiental e econômico em que vivemos. Sem amor, a inteligência se torna um perigo, com a iminência de criar contextos que podem gerar mais destruição, competição, poluição, doenças, tristeza e cada vez menos amor pelas próximas gerações. O amor dá sentido à vida e gera pertencimento e segurança, experiência que cria empatia, compaixão, sensibilidade e uma visão ampliada e integrada da realidade. Ou seja, amor gera mais amor.

Por mais simples – e clichê – que isso pareça, pode ser um grande desafio, já que nosso instinto de sobrevivência faz com que, com a melhor das intenções, tentemos proteger as crianças por meio de condicionamentos e crenças que criarão um efeito contrário à coragem de amar e ser amado.

A educação convencional avalia as crianças de forma homogênea, gerando competição umas com as outras, comparação, confusão interna em relação às próprias potências, habilidades e preferências. Quando uma criança tem dificuldade em determinada matéria, todo o foco é dado à dificuldade, seja por meio de críticas, de reforço, de comparação ou punição. Será que isto contribui mesmo para o crescimento das crianças? Ou está minando a inteligência emocional, o amor-próprio e a confiança delas em si mesmas?

Se queremos que as crianças se tornem adultos capazes de se relacionar, se posicionar, liderar, criar soluções fantásticas para mundo, é preciso termos a audácia de ensiná-las a aprimorar o foco no que elas tem de melhor, no que lhes é mais prazeroso, fácil, habilidoso, amoroso com elas mesmas.

Precisamos nos esforçar para reprogramarmos nossa forma instintiva de comunicação, relação e criação, afinal, queremos que as crianças sejam aceitas e bem-sucedidas, não que se sintam rejeitadas nos ambientes que frequentam.

Veja se alguma vez já se percebeu agindo dessa forma com uma criança, a partir de um instinto protetor e inconsciente. "Fala baixo, você vai incomodar as pessoas", ao invés de simplesmente dizer "Você poderia falar mais baixinho, olha como é mais confortável, e a gente consegue se escutar melhor". "Coma tudo ou só seu irmão vai ganhar sobremesa", ao invés de "Sabia que comer bem é importante para você ter energia para brincar?".

As crianças aprendem que para serem amadas precisam se tornar algo, fazer algo, se comportar "corretamente", obedecer. Mas o amor não deveria nunca ser condicionado a um comportamento. Deveríamos ensinar a elas que elas já são amadas simplesmente porque sim!

A família e os educadores têm, sim, o papel de guiar, educar, orientar sobre o mundo, mas isso não deve ser feito através de manipulação e barganha de amor. Existem formas mais saudáveis, construtivas e poderosas de se fazer isso. E podemos ensinar as crianças a se protegerem dos perigos do mundo, sem minar a capacidade delas de sentir amor por todos os seres. Pois é importante frisar: o amor verdadeiro brota de um coração forte e sábio, e não de um coração ingênuo e frágil.

Ao estudar na Índia sobre parentalidade, aprendi que a sabedoria védica traz uma visão mais profunda sobre como, do período da concepção até as seis primeiras horas do nascimento se cria a matriz da programação da vida de cada pessoa. É quando as crianças recebem os primeiros registros, as primeiras impressões sobre como é o mundo "aqui fora", por meio das emoções do pai e da mãe.

As reações químicas transmitidas ao bebê no ventre a partir das emoções de medo, angústia, insegurança, dúvida... ou *amor*, alegria, conexão, confiança... são a primeira interpretação que a criança fará sobre o mundo e a partir da qual ela irá se relacionar. A primeira infância se desenrolará como um laboratório em que as percepções inconscientes se confirmarão ou poderão receber um upgrade, de acordo com as circunstâncias vividas. E assim por diante, ao longo da vida, iremos viver, nos relacionar, trabalhar, criar, governar, empreender, cuidar, a partir dos *imprints* recebidos na infância. Precisamos entender a importância de cultivarmos uma vida em *amor* por nós mesmos antes mesmo de nos tornarmos pais.

O Antigo Egito, por vários séculos, foi uma das civilizações mais importantes da história no que diz respeito ao desenvolvimento da engenharia, arquitetura, medicina, arte, entre tantas outras ciências. Naquela época, quando um casal desejava engravidar, precisava conversar com sacerdotes que avaliavam a maturidade emocional e espiritual do casal para a importante realização de trazer uma criança ao mundo.

Atualmente, estamos resgatando o entendimento sobre o impacto de nosso estado de consciência na criação das crianças, desde o momento da concepção. Nosso estado de consciência será determinante para a evolução da civilização que iremos gerar.

Em especial quando adentramos a jornada de receber uma criança em nossa vida, precisamos nos dedicar aos hábitos de autocuidado, lazer, cultivo de relações etc. Precisamos do *amor* em nós, pois apenas somos capazes de oferecer o que temos.

É natural que nos sintamos prejudicados por uma carência de amor herdada através de gerações. Mas já pensou nas situações extremamente desafiadoras e condições precárias de vida vivenciadas por nossos ancestrais? Hoje, por meio da tecnologia, temos acesso a um nível de conforto que não estava disponível nem a reis e rainhas há alguns séculos. A experiência de luta pela sobrevivência nos foi repassada em forma de condicionamentos limitantes e já está desatualizada para nosso contexto atual.

Para que o amor se torne o fio condutor da vida, é preciso honrarmos tudo o que foi vivido para chegarmos até aqui e escolhermos olhar para a vida a partir de uma nova ótica.

Podemos e precisamos nos responsabilizar por viver em amor! Podemos e precisamos reavaliar nossa vida, nosso cotidiano, nossas relações, e fazer escolhas que fortaleçam o amor em nós e o compartilhemos com as crianças.

É preciso falar também da importância de apoiarmos quem cuida das crianças diariamente. Como diz um provérbio africano "é preciso de toda uma aldeia para criar uma criança". Então, se você conhece uma mãe, ofereça um gesto de amor e cuidado e, assim, você estará gerando um impacto que pode reverberar por uma geração.

No trabalho que realizo com mães percebo como principal queixa a sobrecarga. Este é um contexto propício para a exaustão, culpa, frustração. Nas últimas décadas, conquistamos o mercado de trabalho, mas, se por um lado ganhamos liberdade, por outro lado empilhamos ainda mais responsabilidades e expectativas. Se torna, então, importante revisarmos e, talvez, redescobrirmos, as verdadeiras prioridades.

Devemos começar por questionar as lentes julgadoras com que avaliamos nossa vida e nosso desempenho enquanto mães, profissionais, mulheres. É urgente que façamos uma reavaliação sobre prioridades a partir do pilar do amor (a começar pelo amor-próprio), da autoaceitação, do autocuidado e fazermos escolhas que, de fato, deem espaço para o amor germinar em nossa vida e em nosso lar.

Mas essa nova realidade não pode surgir da negação das emoções ou memórias desagradáveis. A expansão e a renovação acontecem exatamente pelo acolhimento e integração de todas as partes, de toda nossa história.

Essa expansão cria espaço para aceitação de quem somos e para o exercício do amor-próprio. Apenas a partir dessa autoaceitação poderemos aceitar também nossas crianças, com impulsos, autenticidades e novidades que elas trazem; poderemos educá-las para serem livres sem medo de amar ou de ser amado.

Assim, é preciso escolhermos conscientemente nos nutrirmos de *amor* para podermos gerar uma programação atualizada com *amor* no software das futuras gerações; quebrar a dormência da semente que guarda a essência do *amor*. Quebrar a couraça de um coração excessivamente protegido.

17. O que o **amor** faria no **nascimento**?

Por **Adriano Calhau**

O que me faz ser aquilo que sou? E por consequência tudo mais ser aquilo que é?

As respostas a estas perguntas sem dúvida irão nos fazer olhar para o passado e investigar nossas origens. Compreender um pouco mais de ancestralidade, educação, cultura, e da forma e circunstância em que nascemos pode ser o caminho para encontrar estas respostas. Conhecer o solo, as sementes e o momento onde surgimos são parâmetros fundamentais para a compreensão de nossas raízes.

Nesse princípio de causa e efeito, o entendimento de como tudo começou passa primeiramente por analisar o "terreno" que nos trouxe à vida e a intenção que havia com o plantio de nossas sementes.

Já diz a sabedoria popular que aquilo que nasce do amor só pode ser bom, e tudo que nasce com consciência só pode prosperar, pois assim como é a semente, será o fruto. Então vamos olhar para o solo onde a semente de toda vida humana é plantada: O útero de uma mulher!

A mãe é, e sempre será, a pessoa mais importante para perpetuação da vida, pois expressa, em disponibilidade e ação, a maior entrega emocional e física que alguém pode ter por outro alguém. Mas o que acontece quando a mulher não se sente amada e valorizada na própria família e na sociedade?

Vivendo em uma sociedade desconectada, estressada e competitiva, a produção dos mensageiros químicos da vida transmitidos ao feto pelo cordão umbilical, como ocitocina, serotonina, endorfina, ficam sensivelmente diminuídos. *A vida começa, portanto, com a memória da falta, da escassez.*

O corpo daquele ser, que inicia a existência sem receber a química rica de elementos na programação fetal, vai registrar que não precisa deles para sobreviver. Pois, se nascemos com pouco ou sem algo, talvez isso não seja realmente necessário. Mas quais elementos estavam lá, então?

Se o ambiente era de insegurança, falta de apoio e acolhimento, são produzidos mensageiros químicos de luta e sobrevivência, como adrenalina e cortisol. A tendência é, durante a vida, criar eventos que produzam mais desses hormônios, gerando circunstâncias semelhantes que perpetuem o que estava na origem: rejeição, abandono, conflito, medo, miséria, violência etc. Pois se o primeiro ciclo da vida foi bem sucedido com tais elementos, o corpo acredita que todo o resto deve ser também.

Assim é criada a "fórmula do sucesso".

Assim como é a semente, é o fruto

Uma pesquisa[32] da Escola Nacional de Saúde Pública, da Fundação Oswaldo Cruz, ouviu 24 mil mulheres entre 2011 e 2012 e constatou que aproximadamente 55% dos nascimentos não são planejados, 25,5% das entrevistadas prefeririam esperar para ter um bebê e 29,9% não desejava engravidar em nenhum momento da vida.

E o que essas informações significam na formação das famílias, sociedades e para a vida da pessoa que nasceu sem ser desejada? Significa que vamos colher o que está sendo plantado, recriando mais daquilo que já existe. Segundo estudos da Psicologia Pré e Perinatal, a tendência é que se tornem pessoas com forte reatividade ao trauma de não se sentirem bem-vindos, pertencentes e acolhidos. A tendência, então, é compensar esta dor buscando, de maneira distorcida, atenção e reconhecimento durante a vida toda.

Freud foi um dos primeiros a dizer: "Há muito mais continuidade entre a vida intrauterina e a primeira infância do que a impressionante cesura do ato do nascimento nos permite saber"[33]. Ou seja, quanto mais no início da gravidez

---

32   Nascer no Brasil: inquérito nacional sobre parto e nascimento. Escola Nacional de Saúde Pública / Fundação Oswaldo Cruz. Disponível em: https://nascernobrasil.ensp.fiocruz.br/?us_portfolio=nascer-no-brasil. Acesso em: 16 out. 2024.
33   FREUD, Sigmund. *Inibição, Sintoma e Angústia*. Publicado pela primeira vez em 1926.

acontece a rejeição e o sofrimento dos pais, mais forte a capacidade do trauma influenciar na vida adulta.

Neste momento em que a ciência nos mostra a causa de nossas principais questões, é imprescindível que esta informação seja levada ao maior número de pessoas, principalmente jovens. A orientação com medidas de prevenção a gravidez, uma concepção consciente, são essenciais para as próximas gerações.

Uma nova realidade pode existir quando as pessoas forem suficientemente desejadas pelos pais, concebidas com consciência, gestadas com cuidados de alimentação, aleitadas pela mãe por pelo menos seis meses, e cuidadas com proximidade materna nos três primeiros anos de vida.

O solo em que nossa semente foi plantada?

Em 2010, o tema da Vida Perinatal foi capa da conceituada revista norte-americana *Time* com o título "Como os primeiros nove meses moldam o resto da sua vida"[34] escrito pela jornalista e escritora do livro *Origins* Annie Murphy Paul.

Ela fala do campo essencial conhecido como "origens fetais", cujos pioneiros afirmam que os nove meses de gestação constituem o período mais consequente de nossas vidas, influenciando permanentemente as conexões cerebrais e o funcionamento de órgãos como coração, fígado e pâncreas. As condições encontradas no útero, segundo cientistas e pesquisadores, moldam a suscetibilidade às doenças, apetite e metabolismo, a inteligência e até o temperamento.

Isso foi comprovado pela neurocientista e farmacologista Candace Pert em estudos da bioquímica das emoções. Por exemplo, uma pessoa que viveu no útero a sensação de rejeição, pois a mãe era resistente à ideia de ter um filho naquele momento, tende a, na vida adulta, buscar mais desta química emocional, com alto potencial de atrair os mesmos estados e eventos próximos daqueles que lhe trouxeram à vida.

Segundo Leonard Orr, criador do Renascimento[35], e Fanny Van Laere, criadora do Instituto Internacional Bioflow, a vida é uma repetição desses scripts

---

34   PAUL, Annie Murphy. "How the First Nine Months Shape the Rest of Your Life". *Time*. Disponível em: https://time.com/84145/how-the-first-nine-months-shape-the-rest-of-your-life/. Acesso em: 16 out. 2024.
35   Método que visa, a partir da recriação de certas condições – utilizando de, por exemplo, imersão em água quente e técnicas de respiração profunda e contínua –, acessar memórias de experiências primárias da existência, como do próprio nascimento. Saiba mais em www.rebirthing.com.br.

criados a partir das vivências intrauterinas. Esses roteiros podem ser solidificados e reforçados ou amenizados, dependendo do que acontece posteriormente na infância, ampliando ou não as feridas de nascimento. Existem muitas ferramentas terapêuticas para acessar as memórias uterinas, como por exemplo respiração conectada, hipnose, toques, gestos, posturas e até em regressões realizadas em água quente, simulando o útero.

Como Terapeuta e Especialista Perinatal, tenho ajudado muitas gestantes a compreenderem o próprio nascimento e ressignificarem dores e traumas. Essa consciência traz a possibilidade de mudanças no processo de gestação e uma maior liberdade para não seguir o mesmo roteiro que tiveram com a própria mãe.

O questionamento que fica é: se o útero é nossa primeira e principal escola para a vida, porque não ensinar o amor desde o início e deixar marcada na memória celular do corpo a necessidade de buscar amor e relacionamentos harmônicos como fórmula do sucesso?

A primeira transição

Qual o maior reflexo da falta de amor no processo pré e perinatal? A forma como acontece a chegada dos novos seres ao mundo diz muito sobre a sociedade e o tempo em que ela está inserida. O nascimento, o parto, é nossa primeira e mais significativa transição na vida humana, que devido à precocidade e ao sucesso, é registrada como a primeira vitória: nascer e sobreviver.

As primeiras horas de vida e a forma como nos sentimos recebidos ficam fortemente gravados na memória corporal e celular, o que pode também ser chamado de inconsciente. Esta memória será utilizada como um programa para fazer outras transições importantes, outras conquistas, e na forma como nos sentimos recebidos e acolhidos por pessoas fora do círculo íntimo.

Hoje temos questões muito preocupantes com os nascimentos que dizem respeito em especial à violência obstétrica[36] em partos "normais" ou violência e abusos de médicos que induzem cesarianas sem indicação real.

---

36   O termo "violência obstétrica" se refere a qualquer ação ou intervenção praticada sem o consentimento informado da mulher, em desrespeito à sua autonomia e integridade, como, por exemplo, episiotomia de rotina, administração indiscriminada de ocitocina, uso de manobras de indução, descolamento artificial de membranas, obrigatoriedade da posição ginecológica, negligência no atendimento, discriminação racial e social, abusos sexuais e violência verbal. Pode ocorrer no pré-natal, no parto, no pós-parto e no abortamento.

Segundo um estudo de 2010, divulgado pela Fundação Perseu Abramo[37], 74% das gestantes atendidas na rede pública relataram ter sofrido violência obstétrica, na rede privada essa taxa foi de 17%. Ou seja, uma a cada quatro mulheres sofre violência obstétrica.

E porque ainda acontece tanto? Segundo advogadas que trabalham com direito das gestantes e violência obstétrica, são estes os principais motivos:

1. Desatualização dos profissionais, que atuam sem observar as mais recentes evidências científicas e não possuem capacitação contínua.
2. Ausência de visão transdisciplinar do parto, tratando-o como um evento médico, sem dar espaço ao diálogo com outros profissionais e saberes, entendendo o ato de parir como uma estrutura hierárquica, com os médicos no topo.
3. Negação da autonomia e protagonismo da mulher.
4. Dimensão lucrativa do nascimento, trazendo um aumento significativo de cesáreas sem indicação.
5. Abandono da mulher, que dá à luz sem a presença de acompanhantes ou doulas, sozinha e sem assistência para dizer *não*.
6. E, por fim, o machismo estrutural, sendo a violência obstétrica uma violência de gênero, há um machismo forte impregnado nos atos, pois a mulher passa ser vista como objeto ou um número.

Tanto para a mãe como para o bebê que se encontram muito vulneráveis, a violência obstétrica cria uma onda fractal que pode reverberar em muitas áreas da vida. A mãe pode ficar por dias, meses ou até anos muito ressentida com o processo de nascimento do bebê. O que atinge toda a família, em especial o bebê, que pode sofrer muito com a dor e o distanciamento da mãe. E um processo que poderia ser belo e celebrativo, torna-se penoso e dolorido.

---

37   Mulheres brasileiras e gênero nos espaços público e privado. Fundação Perseu Abramo / Sesc. Disponível em: https://fpabramo.org.br/publicacoes/publicacao/pesquisa-mulheres-brasileiras-e-genero-nos-espacos-publico-e-privado-2010/. Acesso em: 16 out. 2024.

Nascer com amor

Você consegue imaginar como seria uma sociedade em que as pessoas nascem com mais amor e consciência? Essa utopia não está tão distante, se for colocada como prioridade uma boa experiência de gravidez e criar uma boa primeira impressão para os que estão chegando. Isso é possível se aplicarmos as novas informações da Ciência do Nascimento e da Psicologia Pré e Perinatal.

Em poucas gerações, poderemos ter no Brasil uma maioria de jovens e adultos sentindo-se bem-vindos, pertencentes e dignos de viver melhor a vida desde a origem. Isso vai plantar a semente para que um número muito maior de pessoas se sinta conectada umas com as outras, de forma a se perceber como parte de algo maior, e não apenas como alguém que precisa sobreviver em um mundo hostil.

Assim, a luta distorcida para obter amor, por meio de reconhecimento e poder, seria profundamente minimizada, pois nesse estado de consciência não haveria mais a necessidade de buscar ser o que não é e possuir o que não se necessita.

Nos sentindo melhor conosco, nosso mundo exterior tenderá a melhorar sensivelmente em todas as áreas, em especial na forma de lidar com o meio ambiente, o aspecto mais significativo da Mãe e do feminino, no qual apresentamos a maior dificuldade neste momento.

As políticas públicas vão trazer a importância de se preparar para uma gravidez, incentivando métodos contraceptivos, em especial para jovens, evitando até a necessidade de tantos abortos e suas consequências emocionais.

Nesta nova sociedade de nascidos no amor, as gestantes serão gestadas por toda a sociedade, haverá uma acompanhamento maior de todo processo para que tanto a nutrição, como também as condições emocionais propícias sejam criadas para que os neurotransmissores de felicidade sejam produzidos em grande escala. Haverá muita informação da Psicologia Perinatal, para que pessoas nascidas com traumas e choques de nascimento, possam ressignificar experiências e se libertar de crenças raízes que afetam a forma de lidar com relacionamentos e realizações.

Nessa nova sociedade, os partos serão eventos sagrados, retornando aos lares de acontecer de maneira íntima e acolhedora. Ou em casas de parto, maternidades e hospitais que se organizam para criar templos de vida.

A violência obstétrica terá sido banida completamente de todos hospitais, as gestantes terão conquistado o direito ao parto humanizado, ajudadas por mulheres e homens conscientes que assistem e apoiam seus filhos e filhas a nascerem com as bênçãos da ocitocina.

Os nascimentos serão vistos como grandes portais espirituais, uma oportunidade sagrada de desenvolver dons e virtudes, de ser mais feliz, aprendendo a amar cada vez mais.

18. Como o **amor** incluiria a diversidade **LGBTQIAP+**?

Por **Ricardo Cury**

Confesso que tive muita resistência em escrever este capítulo. Pensei por um tempo: quem será que vou entrevistar para falar sobre este assunto? E aí caiu a ficha: eu mesmo!

Apenas recentemente compreendi o quanto fui reprimido e censurado por minha família, escola, religião, sociedade, e meus colegas para não poder ser quem eu sou.

Uma de minhas memórias mais antigas é de quando tinha cinco ou seis anos de idade. Eu ficava em frente ao espelho do quarto de meus pais, me olhando e reparando em mim mesmo por muitos minutos, às vezes até uma hora, pensando: "Quem sou eu?", "O que estou fazendo aqui? Não consigo lembrar de nada antes disso, onde eu estava?", "Porque sou menino?", "Porque não consigo sair desse corpo?"

A sensação era de estar em outro lugar, mas não conseguia lembrar, como se tivesse tido algum tipo de amnésia. Aquilo me incomodava muito, sentia desconforto por não saber o que havia acontecido comigo antes de nascer. Além de sofrer por não lembrar, desde muito novo me sentia diferente das outras crianças, principalmente entre meus amigos da escola, só conseguindo ter amizade com meninas, o que me fazia sentir muito solitário, desencaixado e incompreendido. Eu era e ainda sou muito sensível. Mas isso é visto pela sociedade como algo ruim, então acabei entendendo que era melhor não demonstrar sensibilidade.

Se naquela época houvesse um cuidado real com as crianças, com o que elas sentem, se houvesse diálogo verdadeiro, com aulas sobre autoconhecimento que tratassem sobre inclusão, diversidade, sexualidade, talvez eu não tivesse sofrido tanto. Sofri muito bulling por ser afeminado, era xingado por meus colegas e até por meu irmão, fui muito odiado e rejeitado por anos e minha auto-estima era baixíssima.

Até os treze anos enfrentei diversas dúvidas, pois me sentia feminino demais, minhas amizades eram todas com meninas, e às vezes achava estar em um corpo errado. Quando as Spices Girls começaram a fazer sucesso, me identifiquei com elas, queria dançar como elas, mas sentia vergonha. Quando surgiram os Backstreet Boys, me encantei por eles e tentei dizer a mim mesmo que não era atração. E lá no fundo me perguntava se devia ter nascido menina.

Não gostava da escola até os 14 anos, mas sempre fui ótimo aluno. Somente depois do 1º ano do ensino médio, tudo começou a mudar, fiquei mais desinibido e fiz alguns amigos. A sociedade começou a me moldar, meu sofrimento e meus questionamentos foram trancados no porão do inconsciente e fui programado. Engoli e reprimi meu lado feminino e me tornei mais "homem". Acabei me tornando mais um robô do sistema. Fui pego pelas armadilhas disfarçadas que o sistema disponibiliza para nos aprisionar e amortecer. Aos quinze anos, passei a sair, beber, fumar e, com muito esforço, a me envolver com garotas.

Nunca dei trabalho a meus pais, sempre fui bem na escola, jogava tênis, era um exemplo de garoto disciplinado e inteligente. Quando entrei na faculdade, carregava o mesmo problema da adolescência, tinha um desejo muito forte de experimentar um relacionamento homossexual, mas não aceitava isso de jeito nenhum.

Sofria ao imaginar o que as outras pessoas pensariam de mim, pois desde criança sabia que a sociedade não aceitava que fôssemos diferentes, se você não segue o padrão, é discriminado, rejeitado e excluído. Acredito que o maior trauma tenha vindo de piadas e xingamentos homofóbicos. De tanto escutar palavras negativas sobre gays, inconscientemente acreditei que minha existência era motivo de piada e que nunca seria aceito por alguém. Esse segredo me reprimia e passou a me incomodar cada vez mais a cada ano que passava na faculdade. Eu nunca tinha tido uma referência de alguém homossexual, um exemplo que me dissesse: "está tudo bem ser assim." Então para fugir de mim mesmo e não encarar a verdade, eu saía frequentemente com amigos para beber e, às vezes, usar drogas.

Comecei a buscar na internet porque aquilo estava acontecendo comigo, queria saber porque as pessoas sentiam atração pelo mesmo gênero, e nada me satisfazia. Eu queria mudar a todo custo aquela situação, estava longe de me aceitar. Quando tive minha primeira relação homossexual, aos dezoito anos, na faculdade, me senti sujo, um pecador, e no dia seguinte fui à igreja me confessar e conversar com um padre porque não sabia o que estava acontecendo comigo.

Anos se passaram desde a primeira experiência, e eu tinha com frequência pensamentos suicidas, achava que nunca iria conseguir me aceitar e lidar com esta situação.

Em 2009, fui salvo pela espiritualidade. Um livro me chamou a atenção em uma livraria, *A Cabana*. Intuitivamente, o comprei. O sofrimento por não conseguir me relacionar afetiva e sexualmente com alguém foi o que me impulsionou a comprar o livro, que fala sobre sofrimento e porque passamos por ele. Ao lê-lo, algo começou a se transformar em mim. Sentia muito forte a presença divina, a luz em meu coração. Me sentia acolhido e amado. Precisava me libertar da crença de que era errado ser homossexual. Uma carga muito pesada precisava sair, não podia mais guardar aquela culpa que carregava da religião em que fui criado.

Ao terminar de ler o livro, olhei para o espelho e tive uma conversa comigo mesmo e com Deus: O resumo dessa conversa foi: "*chega de mentir!*". Liguei para um amigo de infância que amava muito e me abri com ele pela primeira vez. Ao abrir meu coração, parecia que toneladas de tijolos saíam de minhas costas. Três meses depois, contei a meus pais. Já tinha uma ideia de como ia ser, mas não imaginava que seria tão horrível e doloroso. Minha mãe não soube lidar com a situação e nem me acolher, me questionou, disse que não era normal, quis me levar ao psiquiatra e psicólogo. Ela achava que eu poderia ser curado ou consertado. Claro que o médico disse que estava tudo bem comigo. Mas conheço histórias pesadas, como do filme *Boy Erased: uma verdade anulada*, em que pais levam seus filhos para clínicas de terapia de conversão, a chamada "cura gay". Tive sorte de não ter sido levado para um lugar desses.

Entrei em profunda depressão, pois me sentia rejeitado por minha mãe. Hoje, depois de termos passado por um lindo processo de perdão, compreendo que não foi culpa dela, é como ela foi criada, mas o sofrimento que passei parecia interminável.

Um dia, enquanto estava no quarto, mergulhado no sofrimento da depressão, comecei a orar, a pedir para sair daquela tristeza. Escutei uma voz dizendo: "Não tem nada de errado com você. Você é perfeito do jeito que é. Logo todo esse sofrimento vai passar, é para seu crescimento, é um teste que logo vai acabar. Confie que tudo vai ficar bem". Senti uma luz me envolvendo e fui apaziguado.

A mesma voz me dizia para pegar um papel e uma caneta. Comecei a escrever e percebi a presença de meu avô, sentia o cheiro dele, e de outro mentor, que me deram esperança, me preencheram de amor. (detalhe: minha família é católica e nunca tinha ido em centro espírita) Estava chegando no limite, não tinha mais energia para nada, queria ficar deitado na cama, queria morrer. Eu contei a minha mãe sobre a experiência com meu avô, pai dela.

Ela percebeu meu estado e chamou uma amiga para me ajudar, Maria José, um outro anjo em minha vida. Ela me levou a um centro espírita em Bragança. Fui atendido pela dirigente da casa, Dona Bene. Ela disse que eu tinha uma missão e que não era fácil, que era uma das mais difíceis, mas que meu avô estava comigo, me protegendo. Eu apenas chorava e agradecia.

Naquele mesmo ano, em outubro, conheci uma querida amiga, Juliene, que me levou a outro centro espírita em São Paulo. Passei a frequentá-lo semanalmente e a fazer cursos e imersões com Maria Silvia Orlovas, que se tornou uma grande mentora e amiga, sobre autoconhecimento e espiritualidade. Comecei a escrever mensagens que meus guias me passavam. Naquelas mensagens haviam informações de vidas passadas que me explicavam com muita clareza porque estava passando por todas aquelas situações difíceis, o que me deixava cada vez mais em paz.

Em 2012, fui à Índia e durante seis semanas estive imerso em uma universidade espiritual chamada Oneness University - Ekam, fundada por um casal de mestres iluminados, Sri Amma e Sri Bhagavan, onde tive experiências maravilhosas. Mas apenas na última semana compreendi que meu propósito era ser professor, escritor, palestrante. E que daria cursos sobre autoconhecimento e meditação. Em dez anos acabei indo à Índia onze vezes para me aprofundar espiritualmente e trabalhar como tradutor dos cursos para brasileiros. Ao trabalhar com a tradução dos cursos, também me curava dos meus traumas.

Como foram muitos anos de rejeição e repressão de quem eu era durante a infância e adolescência, muita coisa veio à tona nos últimos anos de autoconhecimento. Aprendi muito sobre mim mesmo, e principalmente percebi o quanto não me sentia "Rico", pleno, íntegro, ou seja, o quanto não me aceitava e nem gostava de mim e como não conseguia *ser eu mesmo*. Havia uma miséria dentro de mim, uma sensação de falta.

Tive muitas crises de ansiedade, depressão e até pânico sem saber de onde tudo isso vinha, mas o que sentia era *medo*! Muito Medo! Meu apelido desde a infância era Rico, mas tinha vergonha desse nome pois sempre me xingavam de Riquinho Bixinha. Tinha vergonha e medo de ser eu mesmo, de ser o Rico que nunca tinha me permitido ser.

Nos últimos anos aprendi a amar minhas sombras com muita gratidão, pois elas me fizeram crescer, aprendi a acolher a criança ferida que existia dentro de mim.

Trago essa história para reflexão, pois essa busca por mim mesmo não precisava ter sido tão sofrida se o *amor* já estivesse desperto na sociedade, principalmente na religião e nas escolas. Mas ao mesmo tempo sou grato, pois hoje consigo ensinar com propriedade.

Não fomos educados a apreciar a *diversidade*, pelo contrário, fomos estimulados a fazer piada de quem é diferente, de quem é gordo, negro, afeminado. Será que o amor real iria permitir a discriminação? Os educadores provavelmente teriam um olhar muito mais desenvolvido para observar as diferenças entre as crianças e trabalhariam com elas importância do respeito à diversidade.

O estrago da falta de amor à diversidade LGBTQIAP+ tem causado muitos estragos até hoje. Uma pesquisa norte-americana mostra que adolescentes gays são cinco vezes mais propensos a tentar suicídio do que os heterossexuais[38]. Por isso que me sinto como um sobrevivente com tudo que passei. Vi uma reportagem na revista *Carta Capital* que complementa esse dado alarmante:

---

38   BRANQUINHO, Bruno. "Suicídio da população LGBT: precisamos falar e escutar" *Carta Capital*. Disponível em: https://www.cartacapital.com.br/blogs/suicidio-da-populacao-lgbt-precisamos-falar-e-escutar/. Acesso em: 16 out. 2024.

[...] A teoria do minority stress (estresse de minorias, em português) propõe que estresses sofridos de forma crônica por minorias, em decorrência de uma vida inteira de não-aceitação, rejeição, discriminação, estigma e violência, contribuem para que essa população tenha risco aumentado em sua saúde física e mental em relação ao restante das pessoas. Os estudos corroboram essa hipótese: indivíduos LGBT têm maior risco de sofrer de ansiedade e depressão, de uso abusivo de substâncias lícitas e ilícitas e também maior risco de suicídio [...]. Um estudo feito pelo The Trevor Project, maior organização do mundo relacionada à prevenção de suicídio na população LGBT, mostrou que, para um jovem LGBT, a existência de um adulto próximo que o aceitasse e o acolhesse diminuiria em 40% a chance de uma tentativa de suicídio.[39]

Enquanto escrevia este livro, tendo contado com todos esses dados apresentados, passei por momentos em que não conseguia avançar. Sentia um aperto no peito, às vezes uma sensação de sufocamento, medo de ser mal interpretado e julgado. Certo dia, porém, acordei muito cedo e senti que precisava escrever algo que um guia espiritual queria me dizer. Comecei a intuir o seguinte texto:

"Vamos falar do Progresso Real que o Brasil precisa?

Você precisa acreditar sempre que irá conseguir navegar contra a correnteza da escassez. Mas apenas acreditar não é suficiente, é preciso confiar. Essa correnteza é muito forte, ela te arrasta sem você perceber. É como quando você entra no mar e de repente se vê em outro lugar. Você não quis se mexer, mas mesmo assim você foi levado.

Entretanto, sozinho você não vai conseguir sair dessa correnteza, você precisa de ajuda. Assuma a necessidade de ajuda. Assuma sua impotência todos os dias. Estou aqui para te lembrar que a força que reside na conexão espiritual é a que faz milagres, e só um milagre pode tirar a humanidade desta correnteza.

O problema é que todos estão sendo arrastados pela correnteza da escassez por acreditarem que estão sozinhos. O Progresso só irá acontecer se você se lembrar da sua natureza divina. É aí que reside o progresso: na lembrança que você é uma Consciência espiritual e a sua essência é o *amor*.

---

39   Idem.

Conectar-se ao amor é conectar-se ao mistério. Para onde esse mistério irá te levar? Não se sabe, você precisa confiar, não há mais escolha nesse momento, percebe? A própria ciência material diz que o navio já está afundando, então escute um pouco a ciência espiritual: estão todos afundando por falta de amor. A única solução está em ter fé que o Amor maior que reside em seu interior irá te resgatar desse mar onde você está se afogando. Não é uma fé cega, é uma fé consciente de que não se sabe, mas que a inteligência universal sabe.

A relação com o Divino precisa ser curada, todas as relações precisam ser curadas, porque a Vida é relacionamento. O Progresso vem dos relacionamentos em Ordem, em harmonia. O que cada ser humano busca em todas as relações são conexões amorosas."

Quando terminei de escrever essa parte do texto fiz a seguinte pergunta: O que o Amor faria nas relações?. E a resposta que intuí foi:

"*O amor perdoaria. Mas o que significa realmente perdoar?*

Existem diferentes tipos de relações: a primeira que você teve foi com os pais, irmãos, familiares, professores, amigos. Mas é somente quando você amadurece que se conscientiza da relação com você mesmo.

Esta é a Ordem que precisa ser restabelecida, a Ordem do Amor. A desordem está estabelecida porque geração após geração o amor não tem sido transmitido de forma pura e incondicional. Ele tem sido irradiado com interferências, com expectativas, contaminado por desejos egocêntricos que visam a controlar os outros, e é o que tem causado as prisões nas relações familiares. A dinâmica que existe de um filho querer agradar os pais ou dos pais quererem controlar os filhos é um pedido profundo e distorcido de amor, que aprisiona.

Lembre-se do que você passou com seus pais."

Precisei de um dia inteiro para decantar essas informações. A vibração que as palavras carregam têm um poder que não imaginamos, e apesar de ser um texto simples, ele é profundo. Fui levado a lembrar mais uma vez o relacionamento com meus pais e com minha família em relação à homossexualidade. Quando fui à Índia pela primeira vez em 2012, um processo de cura de relacionamento com meus pais se iniciou, começando por me amar do jeito que sou.

Então, voltando à pergunta, o que o amor faria?

A resposta começa com: *o amor aceitaria o inaceitável*. Aceitar a si mesmo e aos outros como são. Queremos ser amados de qualquer jeito e é aí que reside o sofrimento: esperar o amor de alguém na forma de aceitação. Na teoria, a função dos pais é acolher, aceitar e amar os filhos incondicionalmente, mas nem sempre isso acontece. O medo engana até mesmo os pais, pois com muitas crenças distorcidas sobre homossexualidade, os pais ficam com receio de como a sociedade os verá e como os tratará.

O que eu mais queria escutar da minha família era: "nós te amamos exatamente como você é. Te aceitamos incondicionalmente e queremos que você seja feliz. Você pode ser você e se relacionar com outro homem, nós te abençoamos."

Entendi que o **amor não cala**. O amor expressa com firmeza e até com indignação o que não está certo, e em determinado momento eu escrevi uma carta abrindo meu coração para meus pais sobre como não me sentia amado.

Escutei um ensinamento de um monge chamado Kumarji que me marcou profundamente. Ele disse: "há duas lições básicas para serem aprendidas nesta escola que é o planeta Terra: amar e perdoar incondicionalmente".

Percebi que estava sendo testado pela vida. Era minha prova máxima perdoar e amar aqueles que me trouxeram a este planeta, mas não me aceitavam por ser diferente.

Hoje entendo que eles não sabiam fazer diferente, foi a maneira como aprenderam e insistir que eu mudasse era uma forma limitada, controladora e distorcida de me amar e de me proteger. E foi um laço que precisei cortar com amor. O corte foi feito graças à aceitação de que ninguém muda por você e está tudo bem. Não há necessidade de mudar. É um estado de total aceitação. Isso é perdão. Não há mais exigência sobre você e sobre o outro.

Compreendi que o amor floresce a partir da *integridade interior*. É *não mentir para si mesmo e confrontar seus maiores medos*. Se negarmos a existência das mágoas ou fingimos que está tudo bem, as cargas nunca irão embora.

Hoje, sinto que fui liberado do sofrimento dessas histórias e da expectativa de mudança, tanto de minha parte quanto de meus pais. Parecia que uma "maldição" havia sido quebrada porque olhei para a verdade, e a verdade, por mais dolorosa que seja, *liberta*.

Foram tantos anos para que o amor amadurecesse em meu coração, e hoje posso dizer que amo por ser quem *eu sou*. E graças a essa situação descobri o amor real em meu coração. Me reconectei com minha essência, curando a relação com meus pais. Hoje, sinto que eles me aceitam e me amam incondicionalmente. Não tenho mais medo e nem vergonha de ser quem eu sou na frente deles. Esse processo levou mais de dez anos. Dez anos para minha mãe me pedir perdão por ter me magoado.

Portanto o mal sempre está à serviço do bem e da evolução. Nada é desperdiçado. O mais importante é respeitar o tempo do processo de cura. Pare nesse momento e escute essa meditação guiada no QR code abaixo. Faça a intenção de curar sua relação com seus pais. Faça essa meditação quantas vezes for necessária.

19. Como o **amor** lidaria com a **morte**?

Por **Ricardo Cury**

É muito imaturo da nossa parte sofrermos com a única certeza que temos na vida. Este é um sinal claro do quanto estamos desconectados espiritualmente.

Tivemos o privilégio de ter em nosso país Chico Xavier, um ser humano extraordinário que escreveu mais de 450 livros sobre a vida após a morte. E mesmo com toda a informação que este grande ser humano trouxe para nós, ainda resistimos em tocar no assunto. Chico diz[40]:

> A **morte** é simples mudança de veste, somos o que somos. Depois do sepulcro, não encontramos senão o paraíso ou o inferno criados por nós mesmos. Mas quem **morre** perde o corpo, Nunca perde a luz da vida.
>
> Ainda sabendo que a morte vem de Deus, quando nós não a provocarmos, não podemos, por enquanto, na Terra receber a morte com alegria porque ninguém recebe um adeus com felicidade, mas podemos receber a separação com fé em Deus, entendendo que um dia nos reencontraremos todos numa vida maior e essa esperança deve aquecer-nos o coração.
>
> A vida não cessa. A vida é fonte eterna e a morte é o jogo escuro das ilusões.
>
> O grande rio tem seu trajeto, antes do mar imenso. Copiando-lhe a expressão, a alma percorre igualmente caminhos variados e

---

40   XAVIER, Chico. *Libertação*. 33. ed. Brasília: FEB Editora, 2019.

etapas diversas, também recebe afluentes de conhecimentos, aqui e ali, avoluma-se em expressão e purifica-se em qualidade, antes de encontrar o Oceano Eterno da Sabedoria.

Se estivéssemos conectados à essência amorosa, não sofreríamos como sofremos devido ao apego que temos com pessoas que partem para o plano espiritual, e por falta de consciência nos prendemos à ideia de que nunca mais veremos a quem amamos. A separação é apenas temporária. O que são dez, vinte, trinta ou sessenta anos perto do infinito? Apenas microssegundos.

A realidade é que viemos do plano espiritual e para lá voltaremos, mas a ilusão no plano material não permite que tenhamos a clareza e a confiança de que voltaremos. Estamos com o pensamento obscurecido pelos diferentes medos, dogmas e crenças que conduzem a sociedade.

O estado mental em que cada ser humano morre é o que determina qual plano espiritual a pessoa irá habitar. Por exemplo, o personagem André Luiz, do livro *Nosso Lar*, morreu devido ao abuso de bebidas alcoólicas, fumo e alimentação desequilibrada. Quando acordou no plano espiritual, ele estava em um lugar sombrio e não entendia o que estava acontecendo. E somente após alguns anos ele entendeu que precisava de ajuda.

Aprendi com meus mestres indianos Sri Amma e Sri Bhagavan que há seis pontos que mantém as pessoas presas em planos inferiores de consciência, ou, como se diz no espiritismo, no Umbral:

1. Apego: Quem desencarna com apegos materiais, ao próprio corpo, ao nome, à fama, a bens como dinheiro, imóveis e até à pessoas sofre por muito tempo para se soltar e passar para um plano mais elevado.

Falta educação espiritual em nossa sociedade para nos lembrar que dessa vida não levaremos nada a não ser as experiências. Ou seja, precisamos ter o cuidado de não sermos possuídos por essas coisas, pois tudo na Terra é temporário e emprestado, requerendo, assim, cuidado.

2. Mágoa: quem desencarna com mágoa fica com a vibração tão baixa devido ao ressentimento que não consegue ir para um plano elevado e de luz. Devemos lembrar que o perdão nos liberta para que possamos seguir em paz em nossa evolução.

3. Vingança: Quem está tomado pelo ódio vive em uma cegueira profunda. Quem desencarna com sentimento de vingança está destinado a ficar preso na própria ilusão.

4. Desejos não realizados: quem desencarna sem ter realizado desejos sinceros do coração ou sem fazer o que se propôs antes de encarnar acaba se frustrando e fica preso em planos inferiores sofrendo de arrependimento por não ter vivido a vida de forma plena.

5. Promessas e compromissos não cumpridos: quem promete algo à alguém ou se compromete com um propósito e não o cumpre, desencarna com a sensação de culpa e fica preso em dimensões baixas.

Será que precisamos estar à beira da morte para darmos importância a este assunto ou para encontrarmos um novo sentido para a vida?

Uma pesquisa feita com 3.192 pessoas que vivenciaram experiências de quase morte mostrou que grande parte dos entrevistados tiveram uma espécie de revelação sobre o sentido e o propósito de viver.

> A constatação é de um estudo da Escola de Medicina da Universidade Johns Hopkins em Maryland, nos EUA, publicado na revista *Plos One.[...]* Aproximadamente 90% dos entrevistados demonstraram que a experiência diminuiu o medo da morte e resultou em mudanças positivas em relação ao fim da vida, como bem-estar pessoal ou satisfação. No grupo de pessoas que tiveram a experiência sem drogas, a afirmação foi de 88% e de 89% no grupo de uso de psicodélicos.

Além disso, o relatório afirma que grande parte dos dois grupos mostraram ter descoberto um significado pessoal, espiritual ou "perspicácia psicológica" após a experiência. Cerca de 56% do grupo que tiveram a experiência após o uso de drogas afirma ter encontrado "algo ou alguém que poderia chamar de Deus", ante a 48% do grupo sem drogas. No entanto, o grupo que não usou psicodélicos apresentou maior incidência em terem tido "contato com pessoas que morreram"[41].

---

41   DE SOUZA, Talita. "Experiências de quase morte mudam visão sobre fim da vida, afirma estudo". *Correio Braziliense*. Disponível em: https://www.correiobraziliense.com.br/

Para Roland Griffiths, principal autor do estudo, a pesquisa revela que o uso clínico de psicodélicos pode auxiliar no tratamento de mudança de humor e auxiliar pessoas que estão em estado de ansiedade pelo fim da vida — em casos terminais ou em caso de crises de pânico com fator expressivo em medo de morrer.

---

ciencia-e-saude/2022/08/5031830-experiencias-de-quase-morte-mudam-visao-sobre-fim-da-vida-afirma-estudo.html. Acesso em: 16 out. 2024.

20. O que o **amor** faria pelo **povo negro**

Entrevista com **Mercê Souza**

Neste capítulo, trago a história impactante de minha amiga Mercê Souza, uma mulher preta que vivenciou na pele o poder transformador do amor.

Mas, antes de seguirmos, deixo a você as seguintes questões: Quantos amigos negros você tem? Quantas pessoas negras estão em seu círculo social? Quantos negros estudavam com você na escola ou na faculdade? Porque ainda excluímos pessoas negras de lugares de liderança?

Começo nossa conversa perguntando a ela: Como você, mulher preta que foi tão maltratada por tantos anos e que parece nunca ter recebido amor de quem te criou, pôde acessar o amor?

"Para responder melhor a essa pergunta, vou contar um pouquinho da minha história, que não é nem melhor, nem pior, mas é "comum" entre almas que escolhem encarnar em corpos pretos, com adendo a mulheres pretas, viverem uma história de sofrimento.

Devido a todo contexto histórico racista que nos circula e a dor de tudo que brota dessas ramificações virem há tanto tempo causando cegueira coletiva e danos muito maiores que podemos calcular, a maioria não consegue transcender essa dor porque vive na inconsciência, afastada da fé, do Divino, do amor em si e não consegue ver para além de suas dores e, como pessoas feridas, ferem pessoas, esse ciclo vicioso de dor banhado de raiva parece nunca ter fim, mas, como sempre, é por algo além do que vemos que insistentemente hoje falo de amor, desse amor que eu reconheci tão cedo, que eu sei que cura por além do micro, é macro, é coletivo, como Jesus nos ensinou.

Quando aprendi que nossa alma escolhe o biotipo perfeito para que possamos viver determinadas curas e aprendizados, fez tanto sentido para mim que uma chave interna girou e passei a perceber o racismo como uma grande oportunidade de cura e evolução. Não deixa de ser doloroso ou revoltante, mas a partir de um olhar diferente para algo que é escolha por alguma razão, tudo muda.

Mas até chegar a esses entendimentos foi um caminho árduo! Aos 3 anos e 9 meses, fiquei órfã. Soube mais tarde que meu pai tinha seus vícios e sucumbiu tanto a eles que desencarnou de cirrose hepática. Minha mãe se viu grávida do terceiro filho, se desesperou, pois já tinha dois filhos, e resolveu abortar.

Foi clandestino, um 'amigo' enfermeiro ministrou pílulas abortivas em casa, mas, como dizem, o feto ficou retido, e ela com tantas atribuições não parou de trabalhar até que foi tarde demais e ela morreu. Meu irmão e eu ficamos para lá e para cá, de mão em mão!

Sou cria de vila e de origem muito humilde, venho de lugares onde a miséria é real então ninguém queria assumir a responsabilidade de cuidar e alimentar mais duas bocas. Um dia, meu irmão sumiu, e eu fiquei sendo empurrada de casa em casa, ouvindo crueldades e vivendo de maldades alheias.

Na casa que minha mãe estava construindo, foi morar uma mulher com um bebê que tinha menos de um ano, ela saía e eu tinha a responsabilidade de cuidar dele, se ele chorava, eu apanhava. Até que um dia uma outra mulher apareceu, dizendo ser minha madrinha de batismo, e me levou para morar com ela no centro de Porto Alegre.

A casa dela era também um centro de umbanda e foi lá que conheci as entidades que vinham lindamente ao som dos tambores, era tão familiar e mágico ver tudo, participar das várias festas, em especial as de São Cosme e Damião, sinto que a benção de conviver com as entidades refrescou e renovou a fé em mim, me dando forças para suportar o que viveria lá. Ela vivia uma relação homoafetiva, tinha um filho adolescente e fui colocada para dormir na sala com ele. Ele no sofá e eu em um colchão no chão.

Às noites, ele descia para meu colchão e dizia que iria brincar comigo de um jeito diferente, mas eu tinha que ficar bem quietinha, assim, ele me molestou muitas vezes, e eu ficava como pedra. Até que em um dia, em um outro lugar, durante uma festa de fundo com gente por perto, ele e os amigos foram pegos em flagrante, mas imagina quem levou a culpa? Eu! Com quatro anos fui chamada de nomes que eu nem conhecia ainda.

Fui expulsa com fama de mentirosa e fujona. A própria mulher que se intitulou minha madrinha de batismo me levou a morar em uma favela de alta periculosidade em Porto Alegre, a conhecida Vila Cruzeiro, onde uma tia me acolheu. Essa tia era aquela que acolhia todos os 'rejeitados' (era, porque recentemente soube que desencarnou), era muito humilde mesmo, morava em um barraco com dois cômodos, minúsculos, aliás, onde tinha um quartinho, com poucas coisas espalhadas, mas amontoadas, lembro de uma TV tubo, em preto e branco que só ficava 'chuviscando', uma cama que não parecia ser de casal, um outro móvel, roupas espalhadas e, do outro lado, uma cozinha com uma pia, um fogãozinho e uma mesa de madeira, onde todos nós, os rejeitados, dormíamos à noite, éramos vários, entre meninos e meninas, que dormíamos amontoados no chão, olhando para fora, literalmente à luz da lua, pois o barraco tinha vãos enormes e dava para ver a rua e o céu entre uma tábua e outra.

Todas as manhãs a tia ia até a cozinha 'preparar o café', ela tinha sempre nos braços um bebê que dormia com ela. O fato é que, se tinha pó de café, ela fazia sempre café preto, nunca tinha leite. Se tinha pão, normalmente era duro ou mofado, o duro umedecíamos no café, o mofado limpávamos para só então umedecê-lo, se tinha só pão, era só pão, se tinha só café, era só café e se não tinha nada, ela dizia: 'vocês vão ter que ir para rua buscar o que comer!'.

Pedíamos de porta em porta, e como eu era a mais nova em idade e também do grupo, era colocada a pedir na frente, pois eles diziam que as pessoas tinham mais piedade.

Tinha dias que íamos para o lixão a céu aberto mais próximo. Foi lá que comi meu primeiro hambúrguer, limpávamos um pouco e comíamos. Sempre tinha algo para comer, roupas, utensílios, era nosso parquinho de diversões. Sei, porque sinto, que muitos livramentos eu vivi nessa época.

Lembro que em dias de chuva o sopão da Igreja Católica era o que salvava nosso rolê, fora que era um lugar onde eu sentia segurança. A caridade alheia me chamava muito a atenção e em cada pessoa eu sentia uma afeição, mas não era só carência, era algo no olhar que não sabia nomear, mas parecia uma memória que me revisitava, algo familiar, hoje percebo que era o amor por além do gesto de caridade, é sobre o amor incondicional que habita em cada um de nós e para mim vem sempre a representação de Jesus, que está por trás de cada gesto de caridade e dentro dos olhos de cada pessoa, mesmo que escondido entre camadas de crenças, se olharmos com os olhos do coração, podemos ver Ele sorrindo e agindo em corpos que talvez nem tenham noção de que ele está ali. Querendo ou não, é missão servir!

Sinto que as portas abertas da igreja na favela também refrescaram e renovaram a fé em mim, me dando forças para os tantos desafios no caminho.

Também íamos nos finais de feira, esperar os restos que os feirantes jogavam nas ladeiras de concreto por onde os caminhões passavam. Eu amava catar as uvas, paralisava sentindo o gosto das bolinhas saborosas, todos brigando pelos legumes para garantir o sopão e eu 'brisando' nas uvas, às vezes sentia um tapão esquentar a orelha e ouvia: 'pega os legumes pra levar pra tia!'. Acordava da brisa e corria catar.

Chegávamos sempre com coisas da rua para garantir um sopão ou algo que a tia preparava na humildade do barraco. Eu tinha uma amiguinha cuja mãe vendia pão caseiro, ela morava na casa mais bonita da favela, de madeira bem simples, mas reluzia de limpinha, quando sentíamos o cheiro do pão assado esfriando na janela, corríamos pegar um e nos esconder para comer, era uma aventura deliciosa. Sinto que a mãe dela colocava os pães ali já sabendo que pegaríamos um, sendo uma forma de contribuir sem se comprometer com mais, pois realmente não poderia. Ela tinha olhos de tempo nublado, talvez para evitar vínculos ou pedidos, mas esse gesto revelava o sol por trás das nuvens que levava nos olhos.

Um belo dia, meu irmão reapareceu, eu já tinha em torno de seis anos, estava chovendo, veio com um guarda-chuva, um chinelo estilo slide, um conjunto de roupas, tudo rosa com branco do Topo Gigio, sucesso para a criançada da época que tinha TV funcionando. Me falou que trouxe tudo de presente porque a tia rica da família com quem ele morava, que tinha duas filhas, uma da minha idade e uma mais novinha, havia mandado para mim, e que me levaria para onde estava morando, me limpou, pois estava imunda e cheirando mal, me trocou e fomos.

Era um bairro de classe média. Quando vi a casa fiquei muito nervosa, deu medo, era uma realidade totalmente diferente da que eu conhecia, era silencioso, organizado, não tinha valão e totalmente sem o típico odor pútrido, foi aí que me dei conta do quanto estava acostumada com o cheiro da favela. A fachada da casa era de pedras brilhantes, nunca tinha visto algo tão bonito.

Tinha almoço na mesa me esperando: frango assado, maionese e arroz. Vocês têm noção? Eu gritei por dentro, mas por fora me comportei, comi tudo de garfo e faca, não sei nem como, pois na favela não tinha esse hábito, acredito que memórias de ensinamentos de minha mãe.

Tinha comida, armários, eletrodomésticos, quartos separados com camas, banheiro com chuveiro de água quente, sala com televisão, carro na garagem, jardim, até os animais eram limpos, eu estava realmente encantada. Para uma menina da favela, tudo ali era um luxo! Era para ficar o fim de semana, mas eu não quis mais ir embora e por razões que o tempo diria, fui adotada legalmente.

Meu irmão logo sumiu novamente. Ouvia em alto em bom som que ele estava envolvido com drogas, que estava roubando e que tinha virado bandido, por isso ia ser expulso de casa e eu não poderia mais me relacionar com ele e com ninguém que fosse da minha família biológica, pois ninguém prestava, como tinha medo de ser expulsa também e novamente, nem argumentava.

Mesmo assim, vira e mexe meu irmão aparecia para me ver e visitar algumas pessoas, eu percebia que ele estava alterado o com cheiro diferente, mas ele não permanecia muito tempo, rapidamente ia embora. Às vezes aparecia todo machucado e era alvo de muitas palavras duras, mas eu nada podia fazer. Até que chegou ao ponto que eu saía escondida para encontrá-lo na esquina de casa, como de costume, a vinda dele era rápida, mas quando ele dizia que me amava (normalmente quando estava alterado por uso de bebidas alcoólicas e outras substâncias), eu esquecia a sensação de abandono que ele me deixava toda vez que sumia.

Fui percebendo que meu irmão sempre foi trabalhador e não roubava. Era altamente caprichoso, trabalhava para pagar os vícios e só fazia mal a ele mesmo, se embolava com dívidas, mas dava seu jeito depois. Vira e mexe ouço ainda o eco dele me falando: 'Se é para fazer, faz bem-feito, hein, ou não faz!'. Se referindo aos afazeres domésticos cotidianos.

Hoje em dia ele tem um contato telefônico fixo, mas não quer que eu o visite, dizendo sentir vergonha de como está hoje, é extremamente fechado e resistente a ajuda, como não sei onde mora, não vou até ele, há mais de dez anos não o vejo pessoalmente, já falei que só me importa receber um abraço, mas ele tem outro olhar sobre a vida e sobre as dores, assim ele também me ensina que amor é respeito absoluto sobre tudo que diz respeito ao outro.

A família que me adotou é descendente de alemães com poloneses, muito religiosos e assíduos frequentadores da igreja católica. Foi um período bem desafiador crescer entre verdades tão rígidas, muito diferente do que eu esperava ou almejava quando desejei morar naquele lar. Tinha muita cobrança e as demonstrações de afeto eram em forma de apelidos pejorativos, gestos frios, 'brincadeirinhas' que me magoavam muito e tantas coisas diferentes do eu esperava ou considerava ser afeto.

Eu trabalhava e era cobrada como uma adulta, brincar só quando eu fazia todos os trabalhos domésticos e afins, tinha um banquinho só para que eu pudesse alcançar a pia e o tanque, fazia tudo desde lavar roupa, louça, faxinar a casa, até cortar grama e capinar o jardim, até o gás eu trocava. Quando ouvia elogios era de pessoas de fora, mas não de dentro do lar e normalmente era pelo que eu fazia e não pelo que eu era.

Durante muitos anos considerei uma adoção abusiva, para trabalho escravo mesmo, mas é meu ponto de vista, entendo que dentro da construção de cada um só se dá o que se tem, e assim foi. O meu pai adotivo era amoroso, mas era sempre podado de demostrar afeto pela matriarca que cultivava uma postura mais fria em seus olhares congelados. Mas mesmo com todos os desafios, eu agradecia, pois tinha um teto para morar, tinha alimentos e minhas necessidades básicas físicas eram supridas.

Diante de tudo, a parte religiosa que me apresentaram foi o presente mais valioso que me deram, valeu todos os 'perrengues', pois tive espaço para ancorar outras necessidades e percepções, assim começaram a se abrir caminhos para nomear a fé e a intimidade com Deus que de alguma forma sempre esteve comigo, me mantendo no caminho. Para mim sempre foi natural conversar com Deus e ouvi-lo também, eu sempre me senti sendo guiada e muito protegida, mesmo andando nas 'trevas', é algo inexplicável, isso eu nunca questionava e sei que de alguma forma sabia que tudo que me acontecia precisava acontecer, tinha essa clareza interna e por isso não permanecia na dor por muito tempo.

Comecei a frequentar a igreja todo domingo, no início por imposição da matriarca que me adotou, depois porque percebi que era importante para mim. Ali eu sentia um amor tão grande que me emociona ao transcrever essas linhas, que me direciona para dentro também agora, para o olhar de amor Divino em mim.

Foi em uma igrejinha bem simples que fui aprendendo a nomear o amor Divino, esse amor perfeito e seguro. Foi lá que acessei esse amor que já me habitava, mas era para além de mim e se expandia quando me aproximava com um pouco mais da consciência de Deus e de tudo que vem através dessa perspectiva mais elevada.

Em solitude prosseguia, não cobrava o amor de ninguém e nem devolvia o mal que me faziam, mas hoje refletindo percebo que no auge dos meus seis anos, acredito que com todo suporte do invisível, acessei de um outro lugar o amor da Fonte Criadora e algo dentro de mim aconteceu que mudou minha história completamente. Fui crescendo nessa base, respeitando muito, mas não concordando com muita coisa que ouvia dentro da igreja. Por exemplo, um dia perguntei ao padre: 'Padre, por que as crianças sofrem?' Ele me respondeu: 'Porque os filhos pagam pelos erros dos pais!'.

Conexão espiritual é um fenômeno que acontece independentemente de idade ou qualquer outra coisa, sinto que minha alma inquieta sempre foi sedenta por me relembrar de algo que não fizesse eu me perder dos compromissos com ela. Eu não sou uma raridade, o Divino que habita em nós e no Todo trabalha fervorosamente para que não nos afastemos do que é essencial às nossas bases primordiais, para honrar e cumprir o compromisso com a própria evolução.

A relação com essa família adotiva ficou cada vez mais desafiadora e o desejo de sair da casa habitava em mim. Desde muito novinha trabalhava para comprar minhas poucas coisas e material escolar, desde fazer faxina para fora, trabalhar como babá, tia de escolinha, atendente de telemensagens, então sabia que poderia me virar no mundo.

Uma vez, levei da matriarca que me adotou um tapa na cara e ouvi: 'Preta, pobre, feia e burra, tem que trabalhar!'(minando os sonhos que tinha na época).

Quase diariamente, meu despertador era porrada na porta, por volta das sete horas, com as típicas frases: 'Levanta nega vadia', 'Levanta nega vagabunda!'.

Foi só durante a transição capilar que entendi o racismo que vivi e o quanto estava tudo interligado e impregnado nas atitudes, falas, gestos e tanto mais. O racismo é tentativa de assassinato, mesmo que inconsciente, pois são memórias muito densas de dominância e submissividade na força bruta que permanecem vivas em nosso DNA e que nos atravessam, e a falta de conexão espiritual só agrava.

Com a transição capilar, mergulhei em contexto histórico, queria saber mais e me libertar desses ecos, pois até então nem tinha noção do que o racismo tinha feito comigo e provavelmente na história dos meus pais, do meu irmão encarnado, do que desencarnou e da minha ancestralidade como um todo.

Conduzida por forças maiores, desenvolvi um projeto, chamado Amigas Crespas de Floripa para falar de cabelo além de cabelo, falar de nossas raízes, nos apropriarmos de nossas histórias e nos assumirmos perante a gente e todos como realmente somos, era um projeto de empoderamento.

Eu trazia minha história de vida como inspiração e incentivo para abrir espaço para outras histórias serem partilhadas também e assim a palavra era posta para andar na roda, os relatos eram tão chocantes que percebi o quanto o massacre era coletivo, e quanto mais inconsciente o ser que vivia as dores estava, maior era o sofrimento e isso foi me empoderando tanto que mergulhei mais em tudo isso. Quanto mais queria ajudar, mais eu me buscava e mais eu me curava!

Era tudo improvisado, mas sempre fui a favor de fazer o melhor que posso com aquilo que tenho. Até que 'do nada' eu já era uma referência de mulher negra dentro da cidade, mas o intuito real era contribuir, só que é isso, né, quando é para o Todo, Deus envia mais ferramentas para que a gente continue trabalhando para ele em prol do Todo.

Em um dia bem desafiador na universidade, onde a demanda era imensa – e um momento desafiador da vida em que Miguel, meu filho mais novo com um aninho, e Ismael, o mais velho, com dez anos, começavam a revelar dores da ausência do pai biológico, meu atual companheiro trabalhva muito, eu tinha perdido muito peso – uma colega 'do nada' começou a falar que fazia terapia mais voltada para o lado espiritual e uma luz piscante acendeu em mim.

O que ela falou ressoou como um chamado, e perguntei onde ela fazia terapia, quando ela me falou que era a duas quadras da minha casa fiquei chocada e soube que precisava ir, simples assim.

Inicialmente, quis muito ajudar Ismael, que estava sofrendo, mas quando a terapeuta me falou que através de mim ele receberia o que precisava eu percebi o quanto precisava daquilo. Encontrei um lugar para abrir o que tinha trancado dentro de mim por tanto tempo.

Não tinha nenhum dinheiro para investir nas terapias, eram investimentos altos, mas fui muito sincera com ela, abri meu coração e a terapeuta me estendeu as mãos: 'Eu sabia que você viria, eu sei que eu preciso te ajudar, não sei porque, mas só recebi aqui (a intuição dela falando), você vem, vou te ajudar e você vai entendendo que dinheiro é energia, vai se curando e logo vai ter dinheiro para me pagar. Pode contar comigo!'.

Um dia, enquanto eu era atendida, a terapeuta falou: 'Você vai atender pessoas, sendo um canal da espiritualidade!'. Eu comecei a gargalhar alto e desesperadamente já fui falando: 'Eu? Não mesmo, e desculpa, não me vejo fazendo nesse movimento, nem me sinto capaz, nem sei se posso com tanta responsabilidade!'.

Ela me olhou bem séria, firme, de forma profunda, e disse: 'Não sou eu que estou dizendo, Mercê, e não é sua escolha, mas sim da tua alma! Entende? Os teus já te escolheram e te preparam, você está pronta, não se preocupe que você vai receber toda ajuda, como sempre recebeu, você só precisa aceitar, pois se você foi convocada, você é capaz, sim. O 'como' é com a vida, não é com você, e receba com amor!'.

Nunca mais parei e assim me abri totalmente para a espiritualidade livre de dogmas e tantas imposições que acabam nos segregando e afastando da simplicidade que é viver a espiritualidade dentro de cada um de nós.

Deus está em tudo e apenas quer que vivamos o amor infinitamente abundante que nos está disponível, que nos é de direito enquanto seres luz que somos. Ponto!

Foi aos poucos e gradativamente que compreendi que tudo que passamos realmente é necessário e tão além do que possamos compreender dentro de nossa construção tão egoica. Também fui compreendendo que todas as pessoas que cruzaram e cruzam meu caminho são mestres da minha cura e da minha expansão para a necessária evolução.

Nada está fora do lugar, a espiritualidade não erra nunca, e Deus, com todo seu amor abundante, é perfeito. Se hoje estou a serviço como terapeuta espiritual é porque fui preparada e guiada para isso, é porque tenho a permissão de Deus, por isso hoje eu não faço nada em minha vida sem me reportar a Ele, e diante de qualquer situação me pergunto: O que o amor faria? E é só quando Deus sopra meu coração que eu prossigo!"

Em nossa conversa segui perguntando: Mercê, por sua história de vida você teria todos os motivos para ser uma pessoa revoltada, com ódio e raiva de quem causou sofrimento à você. Como você conseguiu perdoar aqueles que te causaram sofrimento?

"Sim, pela minha história de vida, olhando somente pelo lado do plano físico e a parte racional, não me faltariam motivos para guardar raiva, rancor, remorso e até ódio mesmo, mas do fundo do meu coração eu não tenho e na verdade nunca tive, eu tive muita tristeza, sentia muita dor em mim, pois eu não conseguia rebater, no sentido de que eu não sou assim, não tenho como ofertar algo que não tenho em mim, eu escolhi ofertar algo bom, do meu jeito, mesmo na inconsciência, no piloto automático como estive por tanto tempo, eu sei que eu ofertei o meu melhor dentro da consciência que tinha. Eu agradeço essas pessoas, pois foram elas que me trouxeram até aqui, cada uma teve papel fundamental no meu desenvolvimento enquanto ser humano.

Lembro do meu irmão dizendo: 'Olha, Mercê! Para enfrentar tudo que você enfrentou e estar viva hoje, teus guias aí devem ser muito fortes mesmo e estão trabalhando muito!'

Vivo na prática que florescer não é opção, é essência!

E isso precisa acontecer para cada um de nós, no tempo de cada um, sim, mas somos natureza e quando resistimos ao que nos é natural, o sofrimento vem. Resistir aos atritos do florescimento ou as adversidades do florescer que são necessárias, gera muito sofrimento!"

Você, como mulher negra, traz toda uma ancestralidade que em muitos casos tem sede de justiça devido à escravização e até hoje devido ao preconceito e à exclusão. Como você lida com isso? Como o amor em você lida com essas questões? Como você diz, o que o amor faria com essas questões históricas que ainda assombram nossa sociedade?

"Acredito que quando integrei em mim o aprendizado que escolhemos esses corpos, com as características exatas que eles trazem, seja por qual razão foi necessária e me aceitei assim, o Universo trabalhou magicamente para limpar muita coisa. Dizem que não nascemos com manual de instrução, mas no nosso DNA tem todas as memórias de tudo que já vivemos enquanto alma, em nossas veias têm muitos caminhos e na nossa própria história está a bula dos medicamentos que precisaremos em cada etapa da nossa jornada. Eu aprendi a ver a vida com olhos espirituais, eu não sei como explicar isso, mas é como uma lente que faz ver além de algo que está se apresentando, só é, acredito que de tanto praticar, integrou.

Assim como trazemos uma ancestralidade sedenta por justiça, trazemos a força ancestral que já acessou a compreensão do perdão, que já se resolveu e quer ajudar, e com o que estamos escolhendo nos conectar? Vai vibrar mais aquilo que escolhemos! E não é sobre negligenciar parte dessas raízes, muito pelo contrário, é escolher se curar para reverberar essa cura e contribuir com a regeneração dessas raízes.

Quando eu me aceitei, o mundo me aceitou, quando eu busquei a cura, ela veio, quando eu elevei minha energia, o Universo respondeu! Tudo é energia, tudo é frequência, tudo é vibração, diante dessa informação poderosa é preciso fazer escolhas.

Eu lido com isso me curando cada vez mais, pois eu sei que fazendo por mim, estou fazendo pelo todo, me ajustando, estou colaborando e reverberando luz, assim ajudo a iluminar o entorno. A ressonância do que sou vai chegar em alguém e só aí já é um grande servir. Mas se pintar oportunidade, sem invadir o livre arbítrio alheio, eu puxo alguém para olhar o mundo de onde eu vejo e sinto ser tão precioso.

O amor é simples, não exige nada, mas proporciona muito! Se colocar no lugar do outro é a forma mais rica de exercitar o olhar do coração."

Como surgiu esse insight de fazer a pergunta: O que o Amor faria?

"Não lembro em que momento chegou, mas lembro bem que comecei a externalizar essa prática na pandemia, quando se iniciaram as maratonas de *lives* e comecei a ser chamada a participar, confesso que ficava surpresa cada vez que falava sobre minha utilização pessoal dessa pergunta e recebia tantos feedbacks positivos. No meu eu interno, era tão 'comum', tipo, é o mínimo que tenho que fazer antes de fazer ou de sair por aí reagindo. Só aí pude perceber que é tão valioso esse movimento e a potência dessa ferramenta pelo olhar de outras pessoas.

E se focássemos só nas coisas boas que nos dizem, né? Ou no lado bom das coisas que nos dizem? O amor faria isso!"

Você ainda sofre preconceito? Se sim, o que o amor faz nessas situações?

"A escolha de vir nesse corpo preto me coloca nesse aprendizado constante, então, sim, o preconceito ronda, mas não sofro mais com ele, ou seja, não me atinge! Sempre que chega algo, já nem vem grande, vem do tamanho que olho para ele e me pergunto: 'O que tenho que aprender com isso?'. O amor nessas horas se compadece, pois só o que está na inconsciência, reverberando dor é capaz de projeções tão tristes. Acredito na lei universal do retorno, por isso, nem que seja por inteligência emocional e espiritual, envio amor, se houver a possibilidade e necessidade de um diálogo, assim o faço, se não, faço Ho'oponopono, envio amor e prossigo com a consciência que minha parte eu fiz."

Para finalizar a entrevista, perguntei: qual é o recado que o amor em seu coração tem para dar para todos que ainda tem sede por justiça ou até mesmo de vingança?

"Você é amor, apenas aceite isso, não lute contra você!

Lutar cansa, enrijece e adoece. Tudo que vai contra nossa natureza divina envenena o corpo. Tudo, exatamente tudo, que vivemos fica armazenado na nossa alma e reverbera para todas as outras jornadas, então se não olhar agora, vai ter que olhar mais tarde, aí só vai acumulando, o Universo te ajuda se você pedir, peça! Por amor, seja amor, honrando seus ancestrais soltando as amarras, as armaduras, os pesos. Liberar o que você acessa que não te faz evoluir de forma leve é honrá-los no amor. Ser o que você veio para ser é o maior movimento de amor à tua linhagem e aos teus ancestrais.

Quando você diz sim a ajuda do Universo e aceita embarcar em seu processo de cura na rendição de todo seu ser a seu coração, um exército de luz se forma na hora para mover céus e terras a seu favor.

Decida liberar o que te adoece e evoluir com leveza e amor! Tenha muita fé, eleja Deus como seu melhor amigo e sempre que precisar Ele não irá te faltar e quando estiver tudo bem, não esqueça do seu melhor amigo que já habita bem aí no seu coração, nas horas maravilhosas e em meio os desafios. O caminho se faz no caminho, vai, coloca o pé com fé que Deus coloca o chão!

21. O que o **amor** faria na **educação**?

Por **Yuri Levy**

No século XXI, precisamos de escolas mágicas

Hogwarts. Aí está a única escola que a graduação de Pedagogia esqueceu de mencionar. E deveria. Por ser a única escola que milhões de crianças aguardam ansiosamente para frequentar, mesmo sabendo que não há Hogwarts alguma.

Um dos motivos que me fez querer ser educador foi achar injusto ficar enfurnado em uma sala de aula cinza, sem graça e feia cinco horas por dia, cinco dias por semana, durante doze anos da minha vida, com um único adulto nutrindo a absurda ilusão de poder controlar mais de trinta crianças cheias de energia. Parecia-me injusto sentir-me humilhado por não saber aplicar a fórmula de Bháskara, ao mesmo passo em que eu era forçado a acreditar na tragédia de que a minha vida dependeria daquilo.

Mas a realidade é que eu nem era mal aluno assim (e minha vida nunca dependeu daquilo). Mas sentia a agonia daqueles que tinham alguma dificuldade; não, o problema não era Bháskara, nem o verbo transitivo indireto, mas reduzir um conceito tão amplo quanto a *educação* a algo que somente olha para o cognitivo, subestimando todas as outras dimensões que compõem a globalidade humana.

Tive a honra de ter aula com o educador brasileiro Rubem Alves, e ele escreveu um livro justamente chamado *Lições de Feitiçaria* em que debate educação e poesia. À certa altura, ele escreve[42]:

---

42   ALVES, Rubem. *Lições de Feitiçaria*. São Paulo: Edições Loyola, 2010, p. 10-11.

No portal de entrada do mundo da feitiçaria se encontram escritas as palavras: "No início é a Palavra...". Feitiçaria é o mundo onde as palavras têm poder. O feiticeiro fala a palavra, sem o auxílio das mãos, realiza o que diz. Deus diz "Paraíso!", e um jardim de delícias aparece. A bruxa diz "Sapo!", e o príncipe se transforma em sapo.

Outro é o mundo da técnica e da ciência: ali as palavras não têm poder. (...) No mundo da técnica e da ciência as palavras são apenas guias para as mãos. (...)

Duas são as tarefas da educação. A primeira delas tem a ver com o primeiro olho: ensinar o mundo que é, a um tempo, nosso corpo e nossa casa. A segunda tem a ver com o segundo olho: despertar a alma para que o mundo não seja apenas um objeto de conhecimento mas, acima de tudo, um objeto de deleite. Essa capacidade de degustar o mundo é aquilo a que damos o nome de sabedoria. Sabedoria é usar o conhecimento de forma que o mundo se torne um lugar de felicidade.

Para essa segunda tarefa a qual atribui à educação, Rubem Alves sugere a poesia. Manoel de Barros, outro mago das palavras, o *criançamento*: "A criança erra na ortografia, mas acerta na poesia".

Um professor da Unicamp dizia que as crianças entram nas escolas cheias de vida e criatividade e saem delas como proto-adultos frios, calculistas e quadrados. Mas Manoel de Barros estava certo: Seu sucesso não era fruto de um *fazer*, mas de um *viver*. Um jeito de *viver* que transbordava como *fazer*. O criançamento pacato levou ele à imortalidade em nossa cultura, que, querendo suprimir a criança em nós, subjugando-a em prol do mundo da técnica e da ciência, como dizia Alves, promete sucesso, mas jamais o sucesso de Manoel de Barros.

Hoje a didática é inversa: sacrifica-se o *viver* para delinear um *fazer*. E o *produto* desse fazer torna-se a própria *medida* do ser humano. Nenhum sucesso vem daí. Porque ser limitado por uma noção de usufruto não é digno nem de um objeto.

Por isso, falar de Hogwarts é tão necessário quanto falar do calor para quem vive no frio. Porque é falar da magia que há em cada um de nós. Porque é o oposto *complementar* do que temos por *educação* em nossa sociedade. Enquanto de um lado temos o monopólio cultural de uma *instrução* que nos ensina o mundo que é, o mundo da técnica e da ciência, a literatura nos fala de um mundo da alma, de um mundo de maravilhas e possibilidades.

Hogwarts ensina "magia". Magia dialoga com a antiga arte da alquimia, a ciência da transmutação. É aquilo que nos inspira, transformando-nos, porque magia é a capacidade de transmutarmos uma forma de energia em outra, um estado de ser em outro, um estado de consciência em outro, um estado de experiência em outro. Um estado de realidade em outro.

Também tive aula com José Pacheco, o educador português idealizador da famosa Escola da Ponte, totalmente revolucionária. Em seu clássico *Pequeno Dicionário de Absurdos em Educação*, ele desenha a escola:

> [...] Os dias que correm são duros, muito por causa do talibanismo de certos "professores". "Professores" (entre aspas!) contaminados por viciosos fundamentalismos, presumindo que a escola sempre foi assim e assim continuará sendo...
>
> Felizmente, serão minoria. Prefiro escutar os professores sem aspas. Como Carlos: Ao regressar à escola, deparei-me com uma realidade estagnada no tempo. Deparei-me com uma escola culturalmente insignificante para as crianças. Deparei-me com um mundo que eu julgava ultrapassado. [...]
>
> *No entanto, foi mais do que ótimo sentir aquele prazer diário de voltar à escola!!! Sentir-me um Peter Pan que, todos os dias, mergulha num mundo mágico e leva consigo a Fada Oriana para mostrar às crianças que há outra escola na escola. Pensei que uma nova escola poderia se construir rapidamente e em qualquer lado.* [...]
>
> As escolas são lugares habitados por sombras e rituais cinzentos. Os professores entre aspas são minoria, mas uma minoria bem ativa. É sabido que qualquer mudança só será possível com os professores que temos, que a mudança acontecerá quando os professores quiserem. [...][43]

---

43 PACHECO, José. *Pequeno Dicionário de Absurdos em Educação*. Porto Alegre: Artmed, 2009, p.122-4.

Em matéria da BBC Brasil publicada em 25 de Agosto de 2022, de autoria de Thais Carrança, lemos na manchete: "Crise de saúde mental nas escolas: 'Alunos estão deprimidos, ansiosos, em luto e faltam psicólogos'"[44].

Um estudo do Banco Mundial[45] é ainda mais aterrador: "Brasil desperdiça 40% do talento das crianças", e ainda estima que o PIB do país poderia ser 158% maior se as crianças desenvolvessem todo seu potencial.

Mas além de qualquer manchete alarmante, fico pensando como crianças do séc. XXI, com smartphones, Google e inteligência artificial, podem continuar sendo ensinadas nas escolas à maneira dos indígenas catequizados pelos jesuítas no "descobrimento" do Brasil. Basta olhar uma pintura sobre a época e uma foto de uma sala de aula hoje em dia.

Sim, bem sei que não são todas as escolas que são ruins, e sei que nem todas as crianças estão insatisfeitas. Mas o compromisso moral de um educador é dizer:

Basta uma. *Basta* **uma** criança estar insatisfeita, *basta* **uma** escola causar medo, *basta* **um** colégio ser palco para *bullyings* silenciosos, *basta* **uma** instituição depreciar a autoestima de algum aluno, *basta* **uma** sala de aula roubar tempo precioso de vida das crianças para insuflar conteúdos inertes, passados em clima de catequização acadêmica, fria memorização, que apenas distorcem o sentido amplo do que eles verdadeiramente deveriam estar fazendo ali.

Educa-se a *globalidade humana*, não *apenas* o cognitivo.

A educação precisa olhar para o físico, para o emocional, para o cognitivo, para o interpessoal, para a educação ambiental, financeira, para a inclusão, para o social, para o cultural, para o autoconhecimento, para o transpessoal etc.

Precisa olhar também para o agora, para um viver que **transborde** em um *fazer* significativo (não em um fazer que *sufoque* o viver), um agora com significado e verdade, não apenas "uma educação para o futuro", futuro esse que, pelo andamento da humanidade, é cada vez mais incerto: Futuro esse que não soa mais como um *investimento*, mas uma *postergação*. De vida e felicidade.

---

44   CARRANÇA, Thaís. "Crise de saúde mental nas escolas: 'Alunos estão deprimidos, ansiosos, em luto e faltam psicólogos'". *BBC News Brasil*. Disponível em: https://www.bbc.com/portuguese/brasil-62613309. Acesso em: 16 out. 2024.

45   Relatório de Capital Humano Brasileiro - Investindo nas Pessoas. Grupo Banco Mundial. Disponível em: https://www.worldbank.org/pt/country/brazil/publication/brasil-relatorio-de-capital-humano-investin-do-nas-pessoas. Acesso em: 16 out. 2024.

O segundo motivo que me fez querer ser educador foi ter descoberto que educar é a arte de *gerar felicidade*. A arte da superação do sofrimento.

Percebi que sempre que sofri na vida, aprender algo foi o que me tirou daquele sofrimento. Nem que fosse aprender o nome de um remédio para acabar com a dor. Uma técnica. Uma frase. Uma lição.

Também notei que toda vez que fui muito feliz, apenas o fui como consequência de alguma aprendizagem relevante. Aprender a coisa certa e do jeito certo é capaz de potencializar a fagulha do que há de melhor em nossa vida e nos levar de estados contritos de dor para estados expandidos de realização.

Assim, se educação é uma arte, fico com Ariano Suassuna: "A massificação procura baixar a qualidade artística para a altura do gosto médio. Em arte, o gosto médio é mais prejudicial do que o mau gosto"[46].

Em uma escola, tudo se ensina. A arquitetura, as cores, os espaços, as árvores, os tratamentos, a semiótica dos gestos, os horários, a energia, as dinâmicas espaciais e temporais, as relações de hierarquia, as semióticas de expressão, a forma como o poder é usado, o amor ou a falta dele, os arquétipos, os símbolos, a sinceridade dos educadores, a aparência do jardim, a qualidade da água, os preços da cantina, a relação entre os funcionários, a relação dos funcionários com os alunos, a relação dos alunos com os alunos (e como isso é administrado pelos responsáveis), as roupas, a decoração das salas, o formato das salas, a disposição das carteiras, tudo.

Precisamos de escolas mágicas.

Mas não escrevo este texto para *ensinar* a receita disso, pois assim como nas escolas convencionais o ensinar pode ser esquecido, não quero reduzir a conclusão deste texto também ao campo da técnica e da ciência. Faço-o para *inspirar*, pois, assim como em Hogwarts, aquilo que é inspirado fica na alma e cresce para sempre, e minha intenção ao encerrar este capítulo é concluí-lo com magia.

---

46   "O homem da esperança". *Revista Fapesp*. Disponível em: https://revistapesquisa.fapesp.br/o-homem--da-esperanca/. Acesso em: 16 out. 2024.

22. O que o **amor** faria na **economia** e nas empresas

Com **Luana Ferreira**

Convidei Luana Ferreira, criadora do Movimento Natural Vibe e do Negócios com Alma, para falar sobre o que o amor pode fazer pelos negócios. Ela disse:

"Um Negócio com Alma é um negócio que nasce do propósito das pessoas que despertaram para o chamado da alma e que se identificam como agentes de transformação planetária, que já passaram ou estão passando pelo processo de transformação pessoal e sentem um chamado para proporcionar mais equilíbrio ao mundo, auxiliando a sanar questões profundas e importantes da humanidade.

Partindo do princípio de que somos 8 bilhões de humanos neste momento da Terra, e que os recursos são finitos, é tempo de acelerar as medidas de impacto social e ambiental no planeta, transformando nossa forma de consumir, regenerar e cultivar. E essa demanda somente Negócios com Alma e Amor poderão suprir.

Um Negócio com Alma é ligado a uma causa raiz, e essa causa é o que nos move e inspira cada um a deixar seu legado para o mundo. É impressionante observar como ao encontrarmos nosso propósito em fazer negócios, ele se conecta a um bem maior, unindo a ação individual ao coletivo, inspirando-nos a entrelaçar nossas causas em comum, e a saber que somente existe se o 'eu' coexistir com o 'nós'.

E acredito que isso só é possível neste tempo, porque estamos em um processo intitulado Transição Planetária, em um movimento de sair do egoísmo para o altruísmo e a colaboração. O despertar da consciência coletiva está ocorrendo de forma progressiva, as pessoas que estão buscando o autoconhecimento e a autotransformação para usar a força em prol de algo que possa transformar o mundo.

É importante ressaltar que essa mudança de mentalidade não é apenas um movimento social, mas também uma necessidade, e para que a humanidade sobreviva e prospere no futuro, é preciso que haja uma mudança significativa na forma como consumimos e interagimos com o meio ambiente. Nisso, os Negócios com Alma são uma forma poderosa de impulsionar essa mudança e levar a humanidade a um futuro mais equilibrado e sustentável."

Dos 17 objetivos de desenvolvimento sustentável para os objetivos de desenvolvimento internos

Em meio à vastidão de desafios que nosso mundo enfrenta, os 17 Objetivos de Desenvolvimento Sustentável (ODS) da ONU emergiram como um farol, nos guiando rumo a um futuro mais justo e equilibrado. Cada um desses objetivos representa uma promessa de melhorar a qualidade de vida global até 2030, abordando desde a erradicação da pobreza até a preservação do meio ambiente.

Mas a jornada para a sustentabilidade não é apenas uma busca externa. Ao entrarmos nas grandes corporações desafiadas a adotar esses princípios, nota-se que nem todos estão preparados para viver esse novo momento. Certa vez, conversando com membros de uma companhia global, me deparei com o seguinte questionamento: "Você não acha que isso é balela? E que só fazemos isso por necessidade e pelos acordos?"

Naquele momento, uma profunda tristeza tomou conta de mim, mas então me lembrei das outras muitas ações e pessoas de altos cargos que conheço e que estão se dedicando a não só implementarem os 17 Objetivos de Desenvolvimento Sustentável (ODS), mas também a preparar os líderes internamente para que estejam prontos para enxergar toda a riqueza dessa grande revolução consciente.

E foi percebendo essa necessidade que foram criados os Objetivos de Desenvolvimento Internos. Esses objetivos, intrinsecamente ligados aos ODS, reconhecem que a transformação pessoal é um catalisador poderoso para a mudança global. São cinco categorias que espelham a busca externa dos ODS, mas agora focadas em nosso desenvolvimento interno:

Ser: Desenvolver uma base sólida para o crescimento pessoal através da autenticidade, autoaceitação e construção de uma identidade autêntica.

Pensar: Cultivar uma mentalidade orientada para soluções, incorporando habilidades como pensamento crítico, criatividade e resolução de problemas.

Relacionar: Aprimorar a capacidade de se conectar efetivamente com os outros, desenvolvendo competências como empatia, comunicação eficaz e construção de relacionamentos saudáveis.

Colaborar: Fortalecer a habilidade de trabalhar em equipe e em parceria, envolvendo competências como colaboração, negociação e construção de consenso.

Agir: Implementar mudanças práticas na vida cotidiana, com habilidades como planejamento, tomada de decisões e gestão do tempo.

Ao alcançar os Objetivos de Desenvolvimento Internos, verdadeiramente abraçamos e incorporamos os ODS em nossa vida. Por isso, acredito que resgatar o Amor na Bandeira do Brasil é resgatar a força da confiança da construção consciente que somente o Amor traz, é fortalecer a capacidade de manifestar do brasileiro, é reverberar essa potência em todas as nações através de nossa ancestralidade, é expandir o cuidado, carinho e mudar a forma como o Brasil e o mundo usam os recursos da Terra.

Resgatar o Amor na Bandeira do Brasil é manifestar pessoas inspiradas e resilientes para se infiltrarem no sistema e mudar ele de dentro para fora.

E pela minha jornada pessoal e profissional, observo que existem quatro estágios para que essa mudança aconteça:

1) Primeiro despertamos
2) Nos auto transformamos
3) Colaboramos uns com os outros
4) Transbordamos através do nosso servir ao mundo

Esse é o legado de um agente de transformação, e com Amor, poderemos fazer isso ciclicamente, nos aprimorando, aprimorando o Brasil e o mundo.

23. Amor, um caminho para a sustentabilidade

Entrevista com Christian Orglmeister e Marina Negrisoli

Entrevistei Christian Orglmeister, diretor de novos negócios, e Marina Negrisoli diretora de sustentabilidade, ambos da Suzano, empresa líder mundial no setor de papel e celulose, para falar sobre práticas de ESG. Comecei com Christian:

"ESG é um anacronismo americano, que traduzido para o português fala sobre a importância de cuidar do meio ambiente (*environment*), cuidando da sociedade e das comunidades donde operamos como empresa (*social*) e que façamos isso de uma forma transparente, olhando todos os *stakeholders* por meio de uma governança que engaje e que esteja atenta a múltiplos interesses, que não sejam apenas do sócio, do investidor ou da própria empresa.

Para a Suzano, isto está vivo desde o começo com a família que fundou a empresa, seu Leôncio, seu Max, depois o David Feffer e toda a família. É um conceito que eles tinham bem forte nos valores. Na companhia temos três valores que regem todas as ações: *Quem somos*? Líderes que inspiram e transformam. *O que fazemos*? Geramos e compartilhamos valor. E o terceiro, *Só é bom para nós se for bom para o mundo*.

Esse último valor reflete a essência do que é uma cultura ESG: desenvolver um negócio que tenha utilidade para o mundo de maneira consciente, se relacionando com as comunidades, os colaboradores, os parceiros de negócios, sejam clientes ou fornecedores, e, em particular para a Suzano, com a consciência de uma economia regenerativa, em que usamos o meio ambiente, mas também o preservamos. É a essência do que fazemos.

O Primeiro passo é ter consciência de onde estamos para poder olhar em volta e perceber que pessoas se beneficiariam se nos comportássemos de outra maneira, e aí então começar um processo de mudanças. É um processo constante."

Perguntei, então: qual a estratégia para que essa cultura se enraíze na empresa?

"O desafio de trazer consciência para uma organização não é fácil. É preciso ter em mente que somos mais de dezoito mil colaboradores diretos e mais de vinte mil indiretos, atuando em mais de trinta países. Então, o movimento de consciência em uma organização começa pela liderança, pois os líderes são aqueles cujos comportamentos são copiados.

Na Suzano, fizemos várias sessões de trabalho e de diálogo dentro dos diferentes níveis das lideranças, para nos olharmos e entendermos. Esse diálogo foi baseado em dados, porque às vezes olhamos o mundo a nossa volta como companhia, vemos os resultados financeiros, os custos, mas não o efeito do que fazemos nos âmbitos do ESG. É preciso medir também quantas pessoas estamos deixando na pobreza, quantos poluentes colocamos na natureza, o quanto não estamos contribuindo com alguma ação específica.

Fizemos um mapeamento dos efeitos positivos e negativos que causamos em relação ao meio ambiente e à sociedade. A partir disso, refletimos sobre onde queremos estar, qual é nosso papel. E estabelecemos metas de longo prazo para cada uma dessas frentes de impacto, e, a partir dessas metas, uma conscientização da organização para ir atrás de um processo de transformação.

Agora estamos em um processo de interiorização, de buscar a raiz dessa motivação de renovar a vida a partir da árvore. Por três anos passamos a pensar a razão de ser da Suzano. Por que existimos fundamentalmente? Nosso propósito, aquilo que queremos deixar como legado e transformação na sociedade é plantar um futuro onde sejamos agentes de renovação e transformação a partir da árvore.

Temos a missão de levar produtos biorenováveis como alternativa aos produtos de origem de hidrocarbono, plásticos, pois as árvores têm o simbolismo quase mítico de um ser vivo que se transforma constantemente e traz o conceito que ganhamos de nosso fundadores: um ser forte e gentil que resiste à tempestade, mas também nos dá frutos e sombra.

Então eu entendi o propósito espiritual do Brasil, de ser esse agente de renovar a vida. Não só os povos originários e a floresta, mas essa vitalidade, exuberância socioambiental que temos, pois os povos e a natureza brasileiros são muito ricos. É uma riqueza muito grande, e temos legitimidade e vocação para sermos agente de renovação."

Segui com a pergunta: como você acha que as empresas enxergariam o dinheiro e o lucro se uma consciência amorosa fosse o fio condutor de nossas ações?

"O amor é um vetor muito importante para uma organização poder fazer de maneira responsável aquilo que ela se propõe a fazer. Além do olhar amoroso para com os próprios colaboradores e clientes, é preciso o amor para com outros agentes, como o meio ambiente, as comunidades.

A Suzano manifesta essa consciência amorosa também por meio da inovação aberta, que é trabalhar de maneira colaborativa com outras empresas, o que faz com que distribuamos melhor e multipliquemos os recursos. Por exemplo, o Brasil precisa se relacionar com a comunidade internacional. Temos esse ativo maravilhoso que é a Amazônia e é preciso levá-la não como 'é meu e agora vocês têm que pagar para usar'. Mas é preciso pensar em como gerar valor para todo mundo, por meio desse olhar amoroso para com os parceiros internacionais.

Então eu acho que se formos emular esse modelo para o meio empresarial, é preciso ter agentes maiores que forcem e regulem um pouco essa consciência. Já há muitos investidores que têm como critério o ESG, o quanto a companhia está de fato pensando no meio ambiente, na sociedade de maneira geral. Quanto mais fizerem isso, mais as organizações vão se moldar. Seria interessantíssimo ter modelos de avaliação para medir isso, como há o FIB no Butão, o índice de felicidade interna bruta."

Então perguntei: por que não ter um modelo de medição de consciência e amorosidade nas organizações?

"Eu acredito que a jornada de tomada de consciência é muito individual. Viver é estar em constante expansão, se você para de expandir, de crescer, a vida te dá uma porrada, chama sua atenção, você vai perder mercado, rentabilidade ou alguma outra coisa, e é nesse momento difícil que acontece a conscientização. O importante é que exista mecanismos ou instrumentos disponíveis para que quando as organizações se depararem com esses momentos, façam um movimento para dentro.

Temos, por exemplo, um projeto muito bonito na Suzano chamado Corredores, conectamos por meio de áreas preservadas Cerrado, Amazônia e Mata Atlântica, para permitir que a biodiversidade flua entre elas. Nossas florestas não são maciços únicos, são totalmente em mosaico com floresta nativa e de eucalipto para permitir e garantir a biodiversidade, justamente para que a natureza faça a parte dela. Esse conceito é muito vivo.

Temos algumas metas para os próximos anos alinhadas com os 17 ODS da ONU. Uma delas é tirar duzentas mil pessoas de baixo da linha da pobreza nas comunidades onde atuamos, criando empregos em torno do nosso sistema. Além disso, temos a meta de retirar mais de quarenta milhões de toneladas de carbono até 2030. Queremos também, a mais longo prazo, levar nossa fibra, nosso biomaterial, que é eucalipto, não só para papel e bens de consumo, como papel higiênico e outros, mas para outras aplicações. A biomassa do eucalipto tem o potencial de se tornar têxtil. Então já temos tecnologia desenvolvida e estamos investindo nisso para que daqui a pouco tenhamos mais tecidos a partir de fibra de celulose, que é biodegradável e não polui os mares. Estamos trabalhando com bioóleo para substituir parte dos hidrocarbonetos vindos do petróleo, então tem uma série de aplicações e acreditamos na 'inovabilidade', a inovação a serviço da sustentabilidade.

E, por fim, não existe bioeconomia sem bioconsumidor, então o processo de tomada de consciência do consumidor é muito importante, e nós incentivamos isso. Se o consumidor não estiver consciente do que está consumindo tem implicações ESG sócioambientais para o mundo. Frutos virão, a natureza tem seu tempo."

Atualmente, nós, como sociedade, acreditamos que *progresso* é crescer economicamente e que isso está atrelado basicamente ao PIB de um país. Sabemos que esse modelo de crescimento não é sustentável. Perguntei, então, para Marina Negrisoli, diretora de sustentabilidade da Suzano: como as empresas podem ressignificar a ideia de progresso e incluir nesse objetivo modos mais sustentáveis de crescimento?

"O primeiro paradigma que necessitamos romper como sociedade é a noção arraigada de que mais é sempre melhor, seja em termos de quantidade ou velocidade. Conforme salientado por Lucia Helena Galvão, se estamos rumando para a beira do abismo, é mais prudente avançarmos com cautela. A sociedade precisa redefinir o conceito de progresso, tanto no âmbito individual quanto no coletivo. Ao compreendermos que todos integramos o mesmo ecossistema e campo de energia, torna-se imperativo agirmos de maneira mais consciente. Valorizar a vida e a natureza deveria receber a mesma prioridade que atribuímos aos aspectos individuais.

Esse processo de ressignificação também se estende ao mundo corporativo. Precisamos reavaliar os paradigmas, papéis e responsabilidades na sociedade. É crucial promover discussões, construir e tornar transparentes os valores e propósitos nobres das empresas, que devem estar centrados no bem-estar das comunidades e da natureza. Comunicar de maneira clara esses propósitos possui componentes inspiracionais, associativos e transformacionais em nível social, além de garantir que suas ações estejam alinhadas a esses valores e propósitos."

Perguntei também: qual é o papel principal dos líderes na transição para um mundo mais sustentável?

"A sustentabilidade transcende ações pontuais; está intrinsecamente ligada a um modelo mental que abraça amorosamente todos os seres, incluindo a gentileza e a preocupação com o próximo.

Do ponto de vista histórico, diferentes épocas testemunharam a alternância de poder econômico e transformacional entre igreja e governos. Atualmente, vivenciamos um momento em que o mundo corporativo assumiu esse papel. Nesse cenário, a responsabilidade das lideranças corporativas por tomar decisões orientadas para o bem-estar social geral e para o planeta é fundamental para a transição na escala que precisamos."

Continuei nossa conversa com o seguinte questionamento: Quais transformações poderiam acontecer nas empresas, na forma de se relacionarem com o planeta e com as ideias que temos sobre *progresso*, se o Amor fosse resgatado na bandeira do Brasil?

"Recuperar o 'amor' em nossa bandeira seria uma maneira encantadora de reafirmar uma das bases de nossa cultura brasileira. Muitos estrangeiros ressaltam isso ao visitar o Brasil, mencionando o carinho e a atenção das pessoas. Mesmo sem falar o idioma, há uma intencionalidade extraordinária em ajudar os outros e criar um ambiente acolhedor.

A reintegração desses valores em nosso modo de fazer negócios também poderia auxiliar os líderes empresariais a conscientizarem-se de que a natureza não deve estar a serviço do homem e do progresso econômico. Em vez disso, a natureza deve ser tratada em uma relação de igualdade com a humanidade e com os objetivos econômicos. Essa mudança de perspectiva promoveria um equilíbrio mais sustentável, refletindo positivamente no planeta."

Para finalizar a entrevista, perguntei: como você sente que esta mudança na bandeira poderia tornar o Brasil mais sustentável?

"Nos círculos de influência econômica, destaca-se amplamente a potência e as oportunidades econômicas que o Brasil detém no contexto da economia verde, na descarbonização das matrizes energéticas globais e na valorização da natureza, especialmente da biodiversidade. Ser compassivo tanto com as pessoas quanto com o planeta é inerentemente sustentável. Essa revitalização pode, além disso, nos ajudar a compreender e incorporar de maneira mais clara nosso propósito como nação em um mundo que migra para uma bioeconomia regenerativa. Temos uma grande oportunidade de concretizar aquilo em que os brasileiros acreditam há muito tempo: ser o país do futuro. O caminho para a prosperidade de nossa nação está diante de nós, basta abraçarmos essas oportunidades, apoiando um modelo mais conectado à natureza, justo e amoroso."

24. Exemplo de empresa do **novo mundo**

Entrevista com **João Paulo Pacífico**

Tive a alegria de entrevistar o fundador do Grupo Gaia, que é um exemplo de empresa que tem como princípio o amor.

"A Gaia começou de um incômodo com a falta de humanidade no mercado corporativo, principalmente no mercado financeiro, que é um lugar ainda mais frio, onde as pessoas acabaram trocando a humanidade pelo egocentrismo e transformando pessoas em números, em máquinas de fazer mais dinheiro. E aí quando você começa a olhar o mundo dessa forma você cria uma desconexão do ser humano com o ser humano, e uma desconexão ainda maior do ser humano com a natureza.

Então a Gaia é uma empresa na qual as pessoas gostam de estar, motivadas pela humanidade, pelo amor. Eu entendo que o ser humano vem em uma caminhada de evolução, e a minha evolução vem acontecendo desde o começo da empresa, em 2009. Eu tinha meus incômodos, desejos, não sabia muito bem que caminhos seguir, então comecei a busca pelo autoconhecimento, ampliação de consciência, aproveitando a jornada."

Perguntei, então: como o resgate do amor na bandeira pode impactar o mercado corporativo?

"O resgate do amor na bandeira pode ser uma coisa muito poderosa, pois as palavras têm muita força, então, quando inserimos a palavra *amor* na bandeira, o amor passa a fazer parte. Ele vai estar em uma janela, em uma comemoração. Ele vai estar na comunicação. Consciente ou inconscientemente, passa a ser introjetado nas pessoas.

Como colocar o amor em prática no mundo corporativo? Essa é uma dúvida que sempre vamos ter, mas não podemos esquecer que um CNPJ não existe. É uma coisa completamente etérea. O que existem são pessoas constituídas de humanidade e de consciência. Quando inserimos a palavra amor, as pessoas se reconhecem como seres humanos e assim vamos entender que as empresas são nada mais do que tribos, ou seja, um grupo de pessoas que estão juntas por algum motivo, e esse motivo não pode ser o lucro, pois o lucro é uma necessidade da empresa na sociedade em que vivemos. Assim como o ser humano não vive sem o sangue, mas não vive para ter o sangue.

Para o que existe um carro? Para transportar as pessoas de um lugar para outro. O automóvel não existe para ter combustível, mas sem combustível ele não anda. A empresa é da mesma forma. É um grupo de pessoas com um objetivo. Toda organização tem uma coisa chamada 'objeto social'. Pode ser: fazer tênis, prestar serviços de saúde, ensinar as pessoas, mas se ela não tiver recursos para isso, e no meio corporativo o recurso vem através do aporte do capital e do lucro, não vai sobreviver, foi aí que a gente se perdeu, quando dizemos que o objetivo é ter lucro e se decidiu vender para ter lucro. Não! O lucro é para que se possa vender.

Você pode dizer: 'eu vou dar cursos para ganhar dinheiro', não, você vai ter dinheiro para dar cursos, é inverter isso. E quando as pessoas começarem a ter essa consciência, vão entender que fará muito mais sentido como ser humano contribuir com um propósito do que contribuir com o lucro e usar os propósitos como desculpa para chegar a ele.

A estratégia para trilharmos o caminho do amor é primeiro entendermos que há outros caminhos. Acredito que muita gente repete comportamentos não por opção, mas como uma coisa quase automática. Porque dizem: 'é assim porque sempre foi assim'. A mudança vem a partir de exemplos, da inovação. *E a inovação não precisa ser tecnológica, ela deve ser humana.* Então quando você começa a ter exemplos de grupos, de tribos, de empresas que estão traçando outro caminho, você pensa 'espera aí! Eu não preciso agir daquela forma. Eu posso agir desta outra forma'.

Dizem que as pessoas mudam por 3Cs. O primeiro é o mais importante, o da Consciência. A pessoa pensa: 'espera aí, eu sempre achei que fosse aquele caminho. Estou entendendo um pouco mais, minha visão está se ampliando, dá para ir por aqui. Eu tenho consciência'. O segundo é a Coerência. Alguns vão mudar porque cada vez mais as pessoas estão exigindo que as empresas sejam bacanas, coerentes com o que dizem. E o terceiro é o Constrangimento, pois não cabe mais agir daquela certa forma. Agir com ódio, com bullying, com desrespeito, lá atrás até funcionou, mas hoje em dia não dá mais. Então nem que seja por constrangimento, as pessoas pensam: 'agora eu vou por aqui'.

Durante a pandemia, as pessoas viram que apesar de todos nós estarmos na mesma tempestade, estamos em barcos diferentes, entendendo o tamanho da desigualdade brasileira. E aí virou moda o ESG. Várias empresas afirmaram estarem alinhadas às práticas ESG apenas para passar uma boa imagem.

Uma coisa que ouvi e que ajudaria muito na implementação real das práticas de ESG é vir o C antes. Por que a gente faz o que faz? Por que você olha os aspectos ambientais e sociais de uma organização? Por que é legal? Por que o mercado quer? Não! É porque é necessário! Quem tem consciência do que está acontecendo, não vai falar: 'ah, porque eu preciso!' Não, isso é **urgente**!

Temos uma longa jornada pela frente, porque, se analisarmos, todos os problemas da humanidade foram causados pelo homem. A fome, por exemplo. Hoje nós temos comida o suficiente para todo mundo, temos dinheiro suficiente para todo mundo, temos casa suficiente para todo mundo, e porque seis pessoas tem mais riqueza do que metade da população mundial?

Porque eles exploraram. A gente não sabe dividir. O ser humano não sabe dividir. E essa onda de pensamento neoliberal que vem desde a década de 1970, de que você pode ser o que quiser, de meritocracia, acaba favorecendo alguns pouquíssimos e convence os oprimidos a defenderem os opressores. Eu venho de uma situação de absoluto privilégio: homem, branco, nascido em São Paulo, heterossexual, mas eu tenho consciência de meus privilégios. É muito mais fácil para mim chegar em algum lugar do que para uma mulher, uma pessoa negra, uma pessoa transsexual. E as pessoas não têm consciência disso. Então essa minoria, que no mercado financeiro é o mercado, começa a querer ditar as regras porque têm um poder econômico, e no capitalismo quem tem poder econômico é quem manda.

Sempre digo na Gaia que a partir do momento que você entra e sai da empresa, sejam meses, anos ou décadas, que você saia um ser humano melhor. E como que você sai uma pessoa melhor? Você vai se conhecer mais, você vai conhecer mais o seu redor. Então a gente leva essa consciência para todos os executivos, e diz: 'crie essa meta de que todos saiam de sua empresa pessoas melhores'.

Felicidade corporativa e lucro são coisas das quais tem se falado muito. Na Gaia, investimos na felicidade corporativa de forma estruturada há nove anos. Tenho certeza de que pessoas mais felizes são mais criativas, mais produtivas, mais engajadas com o trabalho, porque você está estimulando ela a partir de uma coisa positiva e não do medo, como muitas vezes acontece.

Então a felicidade corporativa, a felicidade individual de cada pessoa de sua empresa, é obrigação sua porque ela é um ser humano. Não pelo lucro que ela pode gerar. Temos que entender que o lucro não pode destruir os outros. Hoje em dia há um 'endeusificação' do capital, nós colocamos o capital acima do ser humano, e isso é muito grave. Por que estamos destruindo as relações humanas, o meio ambiente?

Porque a sociedade começou a acreditar que o capital vem antes do ser humano e antes do meio ambiente. Então, qual é a prioridade hoje? *Capital*."

Pergunto, então: como podemos sair de um sistema competitivo, que é o que vemos hoje, para um sistema colaborativo?

"Acredito que a única saída que temos como humanidade, e é como chegamos até aqui, como diz Yuval Noah Harari, é pela colaboração, não pela competição. Porque lá atrás não éramos o animal mais rápido nem mais forte, mas tínhamos a capacidade de colaborar de forma diversa com outros grupos, então conseguimos evoluir até aqui. Mas agora estamos indo para um ponto em que acreditamos que é cada um por si, de que o que vale é o individualismo. Seja a sua empresa, a sua marca. A gente tem que olhar para o outro.

Como fazer esta transição? Tudo começa pela consciência. Tudo começa pelo Amor.

É tentar trazer as pessoas para o chão. Somos uma sociedade viciada, intoxicada, e o mercado corporativo também. O que fazemos na sociedade humana? Pegamos aquela pessoa que tem uma quantidade completamente desproporcional de recursos, aplaudimos, colocamos na capa de uma revista, e dizemos: 'Nossa!

Essa pessoa é boa demais!'. Inclusive, quando falamos em dinheiro, algumas pessoas perdem um pouco a noção de valores.

Para uma pessoa comum, ganhando um salário mínimo, conseguir juntar um bilhão de reais, abdicando de todos os gastos, de cada centavo, seriam necessários 26 mil 910 anos! Quantas pessoas são bilionárias? Poucas, né? E o que fez a pessoa que tem todo esse dinheiro chegar nesse lugar? Apenas uma coisa: a exploração. Talvez não tenha sido exatamente aquela pessoa, mas foi alguém de uma – ou várias – geração passada.

Quanto vale o seu trabalho? Quanto vale o trabalho de alguém? Não é possível que a hora trabalhada de uma pessoa valha milhares de vezes a hora trabalhada de outra pessoa.

Às vezes, uma pessoa que trabalha doze, catorze ou dezesseis horas por dia está passando fome, vivendo na miséria. Por que? Isso é justo como sociedade? O pobre não é pobre porque quer.

O ativismo é cada vez mais necessário em nossa sociedade, pois os ativistas têm essa consciência de se perguntar qual é seu objetivo? É conquistar algo positivo? Ou simplesmente destruir algo? Óbvio que na conquista de algo positivo muita gente não será favorável, e você não conseguirá levar algumas pessoas junto, mas siga com aquelas cuja consciência você consegue seguir no caminho.

Os recursos da Terra são finitos, empresas trabalham com números, projeções. Uma empresa sabe o quanto tem de matéria-prima, quanto custa tal coisa. São pessoas que teoricamente teriam condições de enxergar o todo. Mas de forma completamente descabida não levam em conta a natureza.

Tem aquela conta que é apresentada anualmente que é o dia de sobrecarga da Terra, data do ano em que a demanda da humanidade por recursos naturais supera a capacidade do planeta de produzir ou renovar esses recursos ao longo de 365 dias.

Se, anualmente, consumíssemos tudo o que regeneramos, tudo bem, a Terra continua igual. Mas todos os ano, por vários anos, na metade já temos consumido tudo o que conseguimos regenerar. Ou seja, precisaríamos de dois planetas, no mínimo, por ano para sobrevivermos. Mas não entendemos que essa destruição, esse consumo e essa exploração da natureza nos traz consequências. Que tipo de consequências? Milhares de pessoas no Brasil morrem todo começo de ano por conta das questões climáticas. E vemos isso no mundo inteiro. Países vão deixar de existir, mas algumas pessoas mais ricas conseguirão refúgio, diferentemente das mais pobres

Precisamos, então, fazer duas coisas. Uma delas é: *conscientizar, conscientizar, conscientizar*. Mostrar e ensinar para as pessoas que é preciso olhar para isso, porque senão terá uma consequência no futuro e é real, é matemático, é científico. A outra é pressionar por políticas públicas. Pois infelizmente nem todo mundo vai se conscientizar ou terá um olhar mais colaborativo, e essas pessoas muitas vezes se apropriam dos outros. As políticas públicas servem para que possamos entender que todos fazemos parte do mesmo ecossistema.

Uma frase diz que com o poder vem a responsabilidade. Empresários, líderes de qualquer tipo, têm poder e uma grande responsabilidade, não apenas com o próprio ganho, mas com o todo que está em volta. Quando falamos de Brasil, temos que lembrar que em 1500 ele não foi descoberto, e sim invadido.

Seres humanos já viviam aqui e cuidavam desta terra maravilhosa. Porém, aprendemos a desmerecer quem cuidava da natureza para vangloriar as pessoas que a destruíram, derrubando árvores, exportando ouro e madeira.

Chegou a hora de nós, empresários, líderes, olharmos para a natureza. Temos que olhar para os Povos Originários. O que essas pessoas têm para ensinar para a gente? E acho que é um exercício de humildade. Não é abrir mão de tudo e ir morar na natureza. É aprendermos com essas pessoas. Nós temos essa responsabilidade.

O que você pode fazer individual e coletivamente para que tenhamos um Brasil de *amor eterno*?"

Enquanto transcrevia esta entrevista, tive a seguinte reflexão: As marcas não deveriam existir para enaltecer o ego. Uma marca não deveria ser reconhecida e usada para mostrar o quanto você é importante porque ela é cara e exclusiva, o que gera inveja e separação. Uma marca deveria existir para deixar uma *marca* real no mundo, que traga impacto positivo para o meio ambiente e para a sociedade como um todo. O valor de uma marca deveria estar no quanto que ela gera de consciência e de amor para o mundo. Pois essa é a única marca que permanece na vida, em nossos corações.

O Brasil é uma marca, e a bandeira é nosso símbolo, nossa logomarca. Imagino que se algum marqueteiro famoso analisasse a bandeira do Brasil, enxergaria que tem algo de muito errado no fato de a faixa branca estar na direção descendente. Que marca queremos deixar em nossa terra? Uma marca de amor, de regeneração, ou de violência e de destruição?

25. O que o **amor** faria na **política**?

Por **Gustavo Tanaka**

Escrever sobre política não costuma ser fácil. Na maioria das vezes que escrevo sobre este tema, parece que estou entrando em um campo minado e que cada palavra precisa ser selecionada com muito cuidado, para que não cause desconforto ou disputas. A percepção que tenho é que cada pessoa vai iniciar a leitura com pedras na mão ou um dedo semi apontado em minha direção. Mas por que isso acontece? Será que isso realmente acontece, ou é algo de minha cabeça que está apenas refletindo meus medos? A verdade é que pouco importa de onde vem e porque isso acontece. O fato é que existe uma questão delicada que o tema "política" desperta em cada pessoa.

Qual é a primeira coisa que vem a sua mente quando você pensa em política? É possível que você tenha pensado em homens brancos mais velhos, vestindo ternos escuros, discutindo sem chegar em um consenso. Talvez você pense em pessoas sendo presas, ou lembre das imagens de um programa de notícias da televisão informando sobre um novo escândalo de corrupção. Nosso imaginário coletivo está poluído. Essas são as imagens mais comuns no inconsciente coletivo. Se elas fazem parte de nosso imaginário, é bem provável que o futuro a ser vivido também seja este. E, assim, imagens pesadas do passado nos fazem recriar o futuro da mesma maneira.

O antídoto da realidade é a imaginação. Mas não a imaginação como fuga da realidade. A imaginação como forma de recriá-la. Vamos fazer um exercício juntos:

"Imagine uma pessoa chegando em casa depois de um dia de trabalho. Ela está bem cansada, foi um dia longo e exaustivo. Ela toma um banho, prepara o jantar rapidamente, esquentando sobras do dia anterior, e se senta para comer. Tão logo ela termina a refeição, liga a televisão para saber o que os jornais estão comunicando no dia.

A pessoa que apresenta o programa televisivo chama uma repórter que está em Brasília e vai trazer as informações do que acontece na capital federal. A repórter se apresenta com um sorriso no rosto, emanando alegria e dizendo que traz excelentes notícias para a população. Enquanto ela narra as notícias, a televisão mostra uma sequência de cenas de pessoas trabalhando juntas. São pessoas que representam diferentes raças e etnias. Pelas imagens, é possível ver que há diálogo ali. Que as pessoas estão se entendendo e há claramente um clima de cooperação. Enquanto essas imagens são apresentadas, é possível identificar algumas pessoas mais conhecidas. São pessoas que você admira das mais diversas áreas. Lideranças sociais, intelectuais, grandes nomes da medicina e do direito, grandes empresários, jovens e pessoas comuns. Enquanto essas cenas são apresentadas, é possível reconhecer o cenário onde este encontro está acontecendo. É o congresso nacional. E essas pessoas trabalhando em cooperação e harmonia são os deputados e deputadas eleitos pela população.

A repórter anuncia, então, que foram aprovadas em unanimidade medidas para erradicar a fome e acabar com a desigualdade do país, as elites também estão entusiasmadas com o programa criado. Todos celebram. Enquanto vê esta cena, nossa personagem, liga o celular e procura mais notícias. Ela descobre que naquela mesma semana muita coisa boa está acontecendo no país. Notícias de regeneração da natureza, de inovação tecnológica, a cultura do país brilhando e se expandindo, dados econômicos sinalizando a potência em que estamos nos transformando. O Brasil é o país do momento. Todos os olhos do mundo estão voltados para cá. Há pessoas do mundo inteiro querendo vir para o Brasil para compreender de perto o que fizemos aqui que permitiu que todo este avanço acontecesse.

Nossa personagem, então, vai dormir feliz. O dia foi longo, ela trabalhou muito e sabe que tudo está indo bem fora de casa e isso a ajuda a ficar em paz. No dia seguinte, tudo começa novamente. Ela sente orgulho de ser brasileira."

Durante estes poucos minutos em que você leu o texto, pode ser que sua mente tenha ido para outros lugares. É possível que você tenha sentido uma sensação diferente no corpo. Por alguns instantes, suspendemos os pensamentos automáticos que nos fazem olhar para a política sempre com os mesmos olhos e conseguimos visualizar um cenário diferente.

Alguns podem chamar de utopia. Os mais céticos diriam que é impossível isso acontecer. Mas tudo começa em algum lugar. Tudo começa na mente e no pensamento. Se conseguirmos visualizar novos cenários, a tendência é escaparmos do pensamento fatalista que nos faz pensar que as coisas são como são e nunca vão mudar.

É isso que o amor faria na política. Nos faria sonhar e acreditar novamente. Todos nós temos registradas em nossas células algumas imagens. Nossos sonhos de criança, a forma como enxergávamos nosso país, como nos conectávamos com o Brasil antes de nossas mentes terem sido contaminadas com essas informações. Apenas precisamos nos lembrar. E ao nos lembrarmos, podemos sustentar essa visão e trabalhar em cooperação para que o que for possível possa se tornar realidade. É hora de resetarmos nossa relação com a política e reiniciar a forma como lidamos com esta dimensão. A política é a prática do amor com o coletivo. É vivermos uns cuidando dos outros. Pensarmos juntos, trabalharmos juntos e criarmos a sociedade em que desejamos viver. Vamos lembrar do que está escrito na Constituição:

> Art 3o Constituem objetivos fundamentais da República Federativa do Brasil:
> I - construir uma sociedade livre, justa e solidária;
> II - garantir o desenvolvimento nacional;
> III - erradicar a pobreza e a marginalização e reduzir as desigualdades sociais e regionais;
> IV - promover o bem de todos, sem preconceitos de origem, raça, sexo, cor, idade e quaisquer outras formas de discriminação.

O que seria isso senão a prática do amor? Quando nos perdemos diante de tanta complexidade, não podemos resolver com mais complexidade ou com planos mirabolantes. Quando as coisas se complicam, temos que voltar para o simples. Voltar para o início, para onde tudo começou. E uma forma boa de voltar para o início é se recordar do propósito. Estes objetivos são bons norteadores, e tornam as decisões mais simples de serem tomadas.

Voltar para o princípio de todas as coisas. E se temos o amor como princípio, basta utilizarmos este princípio para cada escolha. Fazer tudo com amor. Pensar com carinho, considerar todas as pessoas envolvidas, caprichar na atividade, fazer com cuidado. Cuidar do que é público tão bem quanto cuidamos de nossa própria casa. Essa é a poderosa combinação da política com o amor.

***

Ao ler o texto do Gustavo Tanaka, tive a seguinte reflexão: O Amor na política despertaria o verdadeiro sentido do que é ser um servidor público. O próprio nome já diz: alguém que está a serviço do público, de todos, e não apenas de interesses próprios, egocêntricos e que destroem a natureza.

E continuando o sonho do Tanaka, gostaria que todos imaginassem como seria maravilhoso se o lema original Amor, Ordem e Progresso se tornasse um curso de filosofia prática feito como pré-requisito básico e preparatório para poder trabalhar na política em qualquer cargo.

Imagine se todo servidor público recebesse essa preparação amorosa, onde seria treinado a ter um olhar e uma consciência amorosa em todas as situações, em todas as áreas da vida. Imagine todas as escolas e universidades ensinando a importância do autoconhecimento como base para o desenvolvimento do amor e de um progresso sustentável.

26. O **amor** em ação: as virtudes da **alma brasileira**

Por **Eduardo Rombauer**

Existem muitas maneiras de se compreender o Amor, dada a vastidão ou até mesmo a infinitude deste fenômeno. Gosto de compreendê-lo como **a força geradora da vida**.

Esta força que gera a vida se expressa de maneiras particulares no tecido de cada sociedade. O amor é engendrado por meio de hábitos, atitudes, escolhas, valores que dialogam com a riqueza histórica e cultural de cada povo, na relação com a natureza própria dos territórios em que este habitou e habita.

Ao longo dos séculos e milênios, as mais diversas tradições culturais, filosóficas e espirituais que buscam compreender e praticar o Amor, buscaram também definir as condutas que melhor expressavam o amor naquele contexto, contribuindo com a evolução não apenas de cada cultura, como da humanidade como um todo. A estas condutas chamamos virtudes.

Diz-se que o Amor é a mãe das virtudes; *as virtudes de um povo podem, portanto, ser compreendidas como a expressão mais visível do Amor naquele contexto cultural.*

No caso brasileiro, nosso modo de amar se molda a partir do encontro muito particular de três matrizes culturais, como sabemos: a matriz portuguesa, a matriz indígena e a matriz africana. Ao longo destes quinhentos e poucos anos, desenvolveram-se vícios e virtudes, os aspectos sombrios e luminosos que contrastam como uma base para nosso desenvolvimento cultural, moral e espiritual.

Uma característica marcante de nosso povo está justamente na abertura para a parte de nós onde o amor se expressa: o coração. Somos um povo, dizem os antropólogos, marcado pela *cordialidade* (*cordis* = coração). No entanto, foi dada pela antropologia ênfase aos aspectos sombrios desta cordialidade: ser cordial foi visto como pavor de expressar nossos sentimentos.

Nós já pudemos tomar bastante consciência de nossos vícios ao longo dos últimos anos, dos quais podemos destacar três: a violência, a ignorância e a expropriação. No cerne desses vícios existe um trauma muito profundo: o sentimento de abandono que acometeu as primeiras gerações de brasileiros – aqueles cujas mães não eram consideradas gente e cujos pais eram desconhecidos. **A dor do abandono é uma marca muito profunda em nossa alma coletiva.** E como nossos antepassados responderam a esta ferida?

Eles resistiram ao abandono cultivando virtudes que nos são muito únicas. Bebendo destas três grandes matrizes culturais e de tantas outras culturas que se somaram nos séculos seguintes, misturando-se neste território de dimensões continentais com uma natureza tão abundante e com com características tão diversas, forjaram um legado valioso ao qual nós ainda não soubemos dar o devido valor.

Na virada do século, formou-se um movimento informal e crescente de pessoas que entendem que chegou a hora de encontrarmos um olhar profundamente apreciativo para quem nós somos. Até mesmo nosso complexo de vira-latas pode ser subvertido por um olhar apreciativo, que nos mostra os benefícios internos de ser um vira-latas, trabalho este iniciado por Eduardo Giannetti em sua magnífica obra *Trópicos Utópicos*, em que diz:

> "Na penosa construção simbólica de nós mesmos, a tarefa maior é virar o 'complexo de vira-latas' do avesso. Transformar em virtude libertadora o que foi antes estigmatizado como capital fraqueza. Recolher a nossa pseudo-maldição e dar-lhe um sinal decididamente positivo".[47]

---

47   GIANNETTI, Eduardo. *Trópicos Utópicos*. São Paulo: Companhia das Letras, 2016.

Somado a este movimento, desde 2016 tenho realizado uma pesquisa-ação sobre as virtudes brasileiras, como continuidade de uma pesquisa mais ampla sobre a Alma Brasileira, referenciada no trabalho de Roberto Gambini, em diálogo com Eduardo Giannetti e com a realização de seis edições do Fórum do Amanhã. Cerca de seiscentas pessoas já colaboraram com esta investigação. A seguir, apresento uma síntese das nove principais virtudes que identificamos até hoje nesta pesquisa:

Afeto. Desde as origens, somos um povo conhecido por nos misturarmos afetivamente. É por isso que aqui gostamos de chamego, queremos um xodó, pedimos cafuné – para citar três palavras de origem africana, que resistiram amorosamente pelos séculos, mesmo em meio a tanta violência. As relações afetuosas da infância perduram quando convidamos alguém para tomar um cafezinho, uma cervejinha, e tantas outras vezes que colocamos o sufixo "-inho" em qualquer palavra. Nosso diminutivo serve para acrescentar carinho às ações, às relações, às decisões.

Alegria. Somos um povo que cultiva uma capacidade singular de lidar com as dores da vida sem deixar de celebrá-la e de se alegrar. O samba é uma das grandes expressões dessa capacidade de sustentar a alegria mesmo na tristeza, como diz o clássico de Vinicius de Moraes. Nossa alegria se alimenta de nosso clima tropical, do hábito de tomar banho de mar e rio, da exposição de corpos a que isso conduz, do gosto por brincar, caçoar, parodiar, festejar.

Criatividade. Nós, brasileiros, até por precisar, desenvolvemos uma veia criativa que se expressa de muitas formas: das gambiarras às expressões mais sofisticadas de arte; dos dribles desconcertantes de Mané Garrincha à batalha do passinho; dos muros grafitados coloridos do sítio arqueológico do Vale do Peruaçu aos muros grafitados coloridos pelos irmãos gêmeos, paulistanos do Cambuci. Nossa criatividade não tem limites, como provam nossas escolas de samba. Desfilam milhares de fantasias, centenas de blocos, dezenas de temas e sambas-enredo que se superam a cada ano na capacidade de contagiar e maravilhar.

Fé. "Andar com fé eu vou, que a fé não costuma falhar." Estamos falando aqui de uma qualidade que transcende a fé religiosa, mas que a inclui. Uma força que nos faz seguir adiante com o sentimento de esperança na vida, em nós mesmos, nas outras pessoas, no país, apesar de tudo. A fé é uma virtude otimista, que anseia o melhor: a prosperidade improvável, a recuperação da saúde, a vitória no futebol ou no jogo de loteria. Procuramos por ela em nossas comunidades religiosas, mas também, "pelo sim, pelo não", em outras tradições e saberes que se misturam.

Flexibilidade. Tanta flexibilidade corporal é uma expressão direta de nossa alma ancestral africana, de onde vem a capacidade de sermos tão resilientes a situações adversas, assimilando e respondendo aos desafios da vida. O Brasil recente passou muito tempo preocupado com o lado negativo desta flexibilidade, estigmatizado na expressão "jeitinho brasileiro". O que nos impede de assumir o lado luminoso deste nosso traço cultural? O futuro demanda gambiarras – para citar uma outra velha e mal-falada tradição brasileira. Não será possível sobreviver ao século XXI sem uma tolerância alta ao improviso, e o Brasil tem muito a contribuir com o mundo nesse aspecto.

Gentileza. "Dos filhos deste solo és Mãe Gentil, pátria amada, Brasil!" Esta virtude é tão central para este país que aparece nos versos finais de ambas as estrofes do hino nacional. Se falta gentileza ao Brasil de hoje, justamente pela gentileza, é por onde começa a resistência à onda de violência que vivemos. Quando os portugueses chegaram a estes costados, famélicos, sujos e cansados, foram recebidos por indígenas que os acolheram e cuidaram deles. A semente da gentileza segue nos habitando: será sempre uma parte fundadora do que somos. A própria natureza desta Terra onde o Brasil está localizado é gentil, onde não há terremotos e as catástrofes naturais são menos intensas que em outros lugares do planeta.

Irreverência. Irreverência é sonhar com uma manhã de sol no meio da tempestade, como nos mostrou Oswald de Andrade: "Quando o português chegou / Debaixo de uma bruta chuva / Vestiu o índio / Que pena! / Fosse uma manhã de sol / O índio tinha despido / O português." A irreverência é um outro jeito de resistir, como fazem as marchinhas de carnaval, os cordéis de repentistas, letras de pagode e rimas de rap, como fizeram Chacrinha e Dercy Gonçalves: é a atitude de não se curvar a uma autoridade que busca impor a própria vontade. A irreverência é uma afronta ao *establishment*, ao poder e às regras e aos condicionamento daqueles que tentam nos controlar.

Comunhão. Herdamos um senso de comunhão advindo de nossas raízes indígenas e negras, mas também da essência do cristianismo, das rodas de chimarrão às de capoeira, das escolas comunitárias às de samba, dos pagodes aos saraus de poesia da periferia, dos terreiros de candomblé aos movimentos cristãos. Cada uma dessas é uma história viva de resistência a um movimento que parece querer nos desconectar de nossas raízes históricas, sociais e ambientais. Nosso senso de comunhão é um traço poderoso para que possamos estar amorosamente a serviço da vida.

Simplicidade. Cada vez está ficando mais evidente a ilusão que é buscar a felicidade se cercando de coisas. O Brasil tem muito o que oferecer ao mundo nesse impulso de simplicidade. Os sertanejos, os ribeirinhos, os amazônidas, os boiadeiros, os pantaneiros, os quilombolas, os caiçaras, os periféricos guardam, cada um deles em seu modo de viver, valiosos saberes na simplicidade de seus modos de vida e expressões culturais. Nossos povos originários são bilionários em simplicidade.

Como podemos observar, estas virtudes são um caminho muito próprio de nosso povo, e cada uma pode ser compreendida como um traço que nossos ancestrais nos deixaram para que o Amor à vida pudesse se manifestar e perpetuar.

Desde 1998, tenho apoiado a causa da inclusão da palavra Amor na bandeira brasileira, mas somente neste momento histórico sinto que existe um amadurecimento a respeito da relevância desta causa. A meu ver, é preciso que tenhamos em mente que o Amor na Bandeira deve ser sobretudo uma consequência da reparação maior que devemos fazer em nossa alma coletiva: a assunção do amor como princípio ou como força geradora de nosso viver.

Acredito que esta seja nossa principal oferta à humanidade: abrir nosso coração para expressarmos e assumirmos abertamente o amor como força geradora da vida. O gesto coletivo de firmarmos o amor como princípio é o impulso necessário para que o Brasil possa redescobrir suas virtudes, passo este que é absolutamente necessário para o florescimento e a felicidade de um povo.

27. O que o **amor** faria nas religiões e na espiritualidade?

Entrevista com **Max Tovar e Monica de Medeiros**

Perguntei a Max Tovar como seria nossa relação com a espiritualidade se o Amor estivesse realmente desperto na sociedade, haveria necessidade de religião e de dogmas? Ao que Max respondeu:

"Para o amor estar desperto na sociedade, sem dúvida, há um trabalho árduo, pois em uma sociedade onde o 'amor seja a regra e não a excessão', as religiões poderiam ser aliadas nesta empreitada se estivessem alinhadas para este fim, uma vez que 'A religião pode ser definida como um conjunto de crenças e práticas sociais relacionadas com a noção de sagrado'.

Mas como as religiões têm feito exatamente o contrário, conduzidas por homens vaidosos que desejam defender as próprias crenças, competindo, impelindo e destituindo o outro, observamos ao longo da história o quanto este movimento egoico tem trazido mais dores, guerras e desavenças do que paz, amor incondicional e união, princípios que deveriam ser os 'dogmas' irrefutáveis da prática religiosa.

Sem dúvidas poderíamos, no futuro, ter as religiões como aliadas. Então, incansavelmente faço minha parte, manifestar em mim, por meio de mim mesma, a verdadeira espiritualidade, que é o Amor incondicional."

Continuei, então, com a pergunta: que impacto e influência você acredita que o Amor na bandeira teria em nossas relações familiares e na sociedade?

"Palavras sem ação não têm efeito real e duradouro, pois podem ser interpretadas de diferentes formas, já que a interpretação dá o tom de acordo com a vibração emitida. Por exemplo, temos hoje em nossa bandeira a palavra 'Ordem' como um comando inicial e podemos ver que de fato isso não acontece, pois a ordem é uma lei universal que leva a progressos justos e expansivos.

'A ordem é um caminho para o progresso', e quando digo progresso estou falando no sentido mais profundo da palavra, em uma sociedade mais justa e igualitária, para um progresso baseado no sentido de bem estar pessoal, pois a sociedade é feita de pessoas, pessoas não são coisas.

O progresso desordenado, não só aqui, mas em muitos lugares do mundo, tornam as pessoas reféns desse tal progresso, onde seguimos exatamente para o caminho contrário ao amor, pois somos levados a um tipo de normose maléfica que aumenta a distância entre as pessoas, colocando cada uma em seu próprio mundo, desconectada da verdadeira ideia de Amor.

Então, respondendo à pergunta, o *amor* em nossa bandeira, e em ações que tornem este conceito um valor, na prática pode mudar muito tudo e todos."

Segui a reflexão: que sentido que daríamos ao Progresso se o Amor fosse o fio condutor de nossas ações?

"A meu ver, O único progresso real é no quesito de humanizarmos, elevar do padrão humanóide para um verdadeiro senso de humanidade, no mais profundo sentido da palavra, nos tornarmos 'humanos' de verdade. O que significa ter um sentido imbuído de empatia generosa e noção de integralidade, livre da ilusão da separatividade competitiva que tem gerado um cárcere milenar.

O caminho é o despertar interno e a multiplicação por meio de atitudes assertivas e coletivas. Mas como dizia Gurdjieff 'nem o maior despertador do mundo pode acordar aquele que não tem em si o desejo de despertar!'.

E Monica de Medeiros complementa:

"A 'brava gente brasileira' não é violenta. A 'brava gente brasileira' não é agressiva. A 'brava gente brasileira' é altruísta, é solidária e sempre foi.

Nós, brasileiros, somos recebidos com festa, porque chegamos cantando, com carinho, Alegria, com fé. Destaca-se o povo brasileiro, por sua enorme fé. Aqui é o país onde todas as religiões podem, apesar de alguns episódios de intolerância, conviver.

Então, na hora que o Brasil amadurecer, na hora que o brasileiro amar o Brasil, que deixarmos de ser um país e nos tornarmos uma nação sob a mesma bandeira, porque é este o lábaro sagrado que o plano espiritual planejou para nós, aí, sim, o Brasil se torna a pátria do evangelho, coração do mundo.

Nós estamos em escola e tentando crescer. O Brasil tem uma missão espiritual reconhecida. O Brasil é o país que tem o maior número de médiuns, é o país que tem os maiores fenômenos mediúnicos. A mediunidade é espontânea em nosso povo. Você vê a fé do povo.

A gente vai lá para o nordeste dar palestras, vamos em lugares no interior, você vê pobreza mesmo, sabe? E as pessoas ali não perdem a fé, não. Elas falam 'se Deus quiser...', 'pela bondade de Deus...' É lindo de você ver isso... quem não desiste. Tem gente lá que anda com garrafa no pé porque não tem chinelo de dedo. Você entende? Então é sede, é fome, é uma dureza de vida, mas eles não perdem a conexão com Deus. É a pureza destas almas extraordinárias que você vê no Brasil.

Olha, honestamente, eu tenho muita pena dos governantes, porque em todos os níveis eles são estapafúrdios... são muito primários. Tenho pena mesmo. Quando temos poder, a gente se atrasa demais. Então, a gente não pode esperar deles. São pessoas tão frágeis e vulneráveis quanto nós que temos uma responsabilidade.

Então é melhor não julgar. Agora, nós temos que fazer nossa parte, por que? Porque nós somos só formigas. Não ache que as formigas não fazem nada. A formiguinha faz o formigueiro. É a formiguinha que faz redes de túneis, comunicando extensões quilométricas. Nós temos que fazer o nosso trabalho. Movimentar, e não esperar que se movimente. Essa é a estratégia. Cada um faz sua parte, sem ser representado, sem expectativa, e dá o melhor de si.

Neste momento, tem muita gente em uma zona de conforto, estagnada, porque pensa: 'ah, minha ação não vai resolver porque não é tão grande assim'. Mas o que você faz por uma pessoa, você vai impactando o todo.

Quando eu era criança, queria ser médica porque queria ser útil, conforme o tempo foi passando, descobri que podia ser útil mesmo não sendo médica. Mas aí eu me formei médica, porque eu amo a medicina. É extraordinário poder agir em pessoas que têm dor e desespero e tirá-los, às vezes até com uma conversa.

Mas aí descobri a mediunidade, então eu podia ser útil com a mediunidade e com a medicina. Essa é minha melhor encarnação. É a que eu tenho menos poder, é a que eu não tenho nenhum charme físico. É a minha melhor encarnação porque eu estou podendo ser útil. Eu preciso ser útil. Eu quero ser útil até o corpo físico parar, porque aí eu vou saber que valeu a pena a oportunidade reencarnatória que eu tive. É a única justificativa que a gente tem para estar encarnada, agora é ser útil. É ajudar. É amparar, porque você é feliz quando faz isso."

No livro *O Amor como Revolução*, publicado em 2019 pela Companhia das Letras, o Pastor Henrique Vieira traz uma visão belíssima do que é Espiritualidade:

> O ser humano tem sede de eternidade, anseio por plenitude e muitas perguntas sobre o sentido da vida. É desse lugar de potência e fragilidade, prazer e dor, que se abre uma dimensão profunda de busca por aquilo que transcende a própria vida. A espiritualidade nasce então do espanto, do susto, da contemplação, do assombro, do silêncio ou do grito, do mais intenso desespero ou da mais harmoniosa calmaria. Ela é a reação humana diante do mistério que é existir. Espiritualidade, portanto, é a capacidade de fazer perguntas sobre o sentido da vida e desenvolver narrativas que apontem para a transcendência da experiência humana. Espiritualidade é um fenômeno humano típico e próprio de quem vive e morre e tem consciência dessa Finitude. A espiritualidade é saber que não se sabe tudo. É o vazio, o eco, a lacuna, a ausência e, acima de tudo, a saudade.
>
> A espiritualidade nasce da saudade daquilo que ainda não vivemos. Esse ponto é central. Ela é projeção de futuro a partir da memória de um passado imaginado, e essa experiência só pode ser vivida na radicalidade passageira do presente. Por isso é saudade. De alguma maneira, intuímos o mundo em que todas as pessoas estão sorrindo, satisfeitas, celebrando a vida, aproveitando tempo, comungando o amor, compartilhando sorrisos. Queremos um mundo sem perdas, despedidas, dor e luto. Queremos o fim do medo, o fim do fim para que a vida só tenha começos. [...]

Sendo assim, a espiritualidade não é certeza objetiva, porque transita na dúvida. Espiritualidade não é institucionalizar o Sagrado, fechando-o em dogmas e verdades inabaláveis, mas é o exercício de tatear o Sagrado tal qual um bebê passando os dedos no rosto da mãe. Espiritualidade é mais abertura do que fechamento; mais perguntas do que respostas; mais consolo e caminhada do que bênção ou maldição. Ela não é uma solução objetiva para os problemas da vida, mas a poesia que se faz na alma diante deles, é arte.

Nesse outro texto, o Pastor esclarece a diferença entre espiritualidade e religião e mostra o perigo do fundamentalismo religioso:

> ...a espiritualidade é uma dimensão constitutiva da experiência humana e tão antiga quanto a humanidade. A religião, dentro desse esforço de definição, seria a sistematização da espiritualidade em uma narrativa específica com seus códigos de culto, de celebração, de visão de mundo, de explicação da realidade e de comportamento. Então, na verdade, uma experiência religiosa pode ou não fomentar a potência da espiritualidade.
> Neste ponto importa falar sobre o fundamentalismo e o extremismo religiosos como modelos que, de certa maneira, sufocam a beleza da espiritualidade e criam um ambiente propenso às práticas de ódio.
> [...] O fundamentalismo trabalha com a pressuposição da verdade absoluta revelada por uma escritura, gerando uma doutrina e uma forma de intervenção no mundo. A revelação é vista como algo que se impõe à história, não sendo passível de interpretação humana. Em tese, a revelação está no texto sagrado, então bastaria ler e tirar dali uma verdade em questionável. Assim, essa verdade seria atemporal, atravessaria todas as épocas. Não raro, essa verdade é materializada num código comportamental rígido que não é percebido como construção histórica ou cultural, mas como vontade de Deus. Dessa forma, questionar a doutrina é questionar o próprio Deus, e a doutrina, portanto, não é passível de revisão, porque Deus não muda. Logo, bater de frente com a

doutrina é bater de frente com Deus. Não lhes parece uma postura, no fundo, extremamente arrogante, vaidosa e, mais ainda, sob outra perspectiva, paradoxalmente desprovida de temor a Deus? [...]
O fundamentalismo não dialoga, porque não se propõe a ouvir; não aprende, porque parte do pressuposto de que só pode ensinar. O mundo fica dividido entre salvos e perdidos, entre bem e mal, e a fronteira é delimitada pelo conjunto de crenças da instituição religiosa.
O fundamentalismo, portanto, tem grande potencial para criar inimigos. Assim, ele se relaciona com a indiferença, por um lado, e com a violência ativa por outro. A indiferença é simplesmente a incapacidade de se comover com a dor do outro. [...]
Contudo, para além da imobilidade, também existe a violência ativa. Nesse ponto, pode-se falar do extremismo religioso que é, tão simplesmente, o fundamentalismo levado ao extremo de ações de violência. Ao longo da história, quantas vezes já se matou em nome de Deus? A escravidão sobre o povo negro tem a marca de determinada leitura bíblica, por exemplo. A espiritualidade, aquele pedacinho de rio que escorre pelas mãos, se torna uma experiência religiosa bélica: espada, escudo, arma, canhão, bomba. Tanto o fundamentalismo quanto o extremismo se alimentam da intolerância e, ao mesmo tempo, a potencializam."

No **QR code** deixei uma aula sobre esse tema, caso você queira expandir mais o seu conhecimento sobre isso.

28. Como seria a medicina se houvesse conexão **espiritual** e **amor**?

Entrevista com o médico **Dr. Paulo César Fructuoso**

Como disse na introdução, este livro não pertence a nenhuma religião ou doutrina, porém como nós brasileiros tivemos o privilégio de ter em nosso país um ser humano tão evoluído como Chico Xavier, que sempre foi além das crenças comuns das religiões, achei que seria importante trazer a visão de um médico espírita.

Perguntei ao Dr Paulo César como ele vê, sente, percebe, que será a medicina nessa transição planetária, para que o Brasil cumpra com o propósito de ser o símbolo do amor eterno e ajude a trazer mais clareza para a humanidade do que nós estamos fazendo aqui. E ele respondeu:

"Sou médico cirurgião e vejo a estruturação a qual eu pertenço como extremamente importante, pois não podemos fazer nada sem saúde. Tendo algum abalo na saúde precisamos de quem? De médicos.

Mas me parece que nós, como médicos atuais da Terra, encarnados, estamos a tratar um grande número de doenças apenas a partir dos efeitos, *nossa medicina ainda não alcançou a causa de um grande número de enfermidades* porque as causas estão em vidas passadas. A Lei da Causa e Efeito é infalível, universal e matemática: posso plantar o que eu quiser, mas a colheita é obrigatória, então se eu planto alguma coisa que leva ao sofrimento de um semelhante, da natureza, do planeta que habito, e que pode levar à dificuldade da vida daqueles que virão depois de mim, isso fica gravado em meu componente extrafísico, o espiritismo chama de perispírito, a ciência chama de campos morfogenéticos.

Diante dessas informações trazidas pelo espiritismo, uma pergunta me foi feita por um professor: 'Paulo César, você está me dizendo que, por exemplo, o câncer funciona como um aspirador das impurezas que nós colocamos em nosso espírito em vidas passadas e como corretivo das informações que causamos em nós mesmos? Então, diante desse raciocínio, por que você, como cirurgião oncológico, opera seus pacientes? Por que você tira o câncer deles? Por que você não deixa o câncer purificar o espírito imortal?'. Ao que respondi: 'Professor, eu não sei até onde deve ir o sofrimento de alguém. Então diante do conhecimento que adquiri por essa vertente que se abriu perante a humanidade, como médico, tenho certeza de que preciso fazer tudo o que for possível para curar, aliviar e consolar, porque o Deus que eu não compreendo, mas de cuja existência tenho certeza, atua em suas criaturas por meio das criaturas'."

Segui com as perguntas: Como a vida de Chico Xavier, considerado um dos maiores brasileiros de todos os tempos, que trouxe tanta clareza sobre o funcionamento do mundo espiritual, pode colaborar para o nascimento da nova medicina?

"Bem, em prosseguimento a esse raciocínio, eu lembro que me parece que o principal médium da história da humanidade, Francisco Cândido de Xavier, quem principalmente se manifestou pela sua mediunidade foi um médico, André Luiz.

Veja que eu não acredito no acaso, eu sou médico e tive uma estranha possibilidade de participar do Lar de Frei Luiz, o maior centro espírita do Rio de Janeiro, curiosamente comandado por uma entidade católica, Frei Luiz, um frade franciscano alemão que veio para o Brasil na primeira metade do século XX, e realizou tamanhos prodígios que passou a ser considerado um verdadeiro santo. Frei Luiz era médium. No Lar de Frei Luiz, a partir de 1978, comecei a participar de fenômenos extremamente raros, como teletransporte de espíritos desencarnados que vivem em um Universo paralelo ao nosso. Em alguns livros, André Luiz descreve tais fenômenos como médico vendo as ocorrências do outro lado da vida. Durante quarenta anos eu participei desses encontros, estudando, pesquisando e principalmente testemunhando, conversando com colegas desencarnados, teletransportados e materializados.

Charles Richet, ganhador do prêmio Nobel de Medicina por ter descoberto a resposta anafilática humana, e outros grandes nomes da ciência e da história também viram, pesquisaram, estudaram os mesmos fenômenos que eu.

Ninguém pode curar um leproso sem conhecer o microorganismo chamado Bacilo de Hansen. Ninguém pode curar um cego de nascença sem conhecer toda a estrutura do globo ocular. Ninguém pode fazer um paralítico andar sem conhecer toda a estrutura óssea, muscular e nervosa do corpo humano. Se há dois mil anos ninguém sabia disso, onde Jesus aprendeu? Segundo informações vindas do outro lado, Jesus evoluiu e aprendeu em sistemas solares que nem existem mais. É esse o meu futuro?

Como sempre fez no passado, recebemos, por exemplo, o merecimento de termos a informação sobre antibióticos, um espírito chamado Fleming abre a porta para a descoberta da penicilina. Gandhi, que nem cristão era, pregando verdade e não violência, consegue libertar três quartos do império britânico. Me parece que as soluções virão através de espíritos evoluídos que encarnaram em corpos iguais aos nossos e trarão as soluções de que precisamos.

Espíritos altamente evoluídos no ramo da engenharia, trarão soluções para toda a humanidade, e não para o pugilo daquelas mais ricos e mais poderosos. Espíritos altamente evoluídos no ramo da mediunidade se voltarão para o assunto, terão médiuns dentro das próprias casas, seus filhos serão médiuns.

Não existe sobrenatural, não é? Não existe milagre, existem leis físicas, químicas e biológicas que nossa ciência desconhece e é suficientemente humilde para reconhecer que só sabe o que acontece em 4% do Universo. Matéria escura, energia escura, existem, mas não sabemos o que são. Então me parece que as soluções virão no momento em que nós alcancemos o merecimento necessário."

Fiz, então, outra pergunta: Como se explica esse momento em que ainda temos tantos problemas de saúde básica, em que estamos sendo acometidos por diversas doenças, como obesidade, diabetes, quase como uma pandemia? Como o senhor vê essa transição acontecendo para que as pessoas tenham pelo menos saúde?

"Não somente as pandemias, mas também as catástrofes climáticas, tsunamis, terremotos, enchentes, nós estamos vendo tudo isso acontecer. Olha, nós estamos habitando um planeta de provas e expiações que está tão somente no segundo degrau da evolução planetária universal. Me parece que nós estamos colocando tijolos em telhado de zinco. Vai desabar. É só questão de tempo, e com o desabamento nós aprendemos.

Nós temos duas atmosferas, uma física, composta pelo ar que respiramos, pelos ventos, pelas marés, tudo isso é energia. E uma segunda atmosfera, nós a chamamos de psicosfera, a soma das energias dos espíritos encarnados e desencarnados naquele planeta. Raciocinemos conjuntamente: Qual será a psicosfera de um planeta onde dois dos principais mercados são o de armas e o de drogas? Qual será a psicosfera de um planeta que todo dia tem guerra em algum ponto do planeta?

Me parece que essas atmosferas físicas e psíquicas se interpenetram e atuam uma sobre a outra. Então aí está a causa, a causa de um grande número de tragédias que acometem a humanidade. E curiosamente isso não cessa com nossa evolução científica. Quem estaria por trás dos grandes equipamentos bélicos? Físicos. Quem estaria por trás da elaboração das drogas? Químicos. Indivíduos que tiveram família, educação, alimentação, lazer, frequentaram as melhores universidades do planeta e direcionam sua inteligência para o mal.

E perceba que estou relatando uma moeda com duas faces, uma religiosa e uma científica. Até onde eu vejo, enquanto essas duas vertentes que comandam nossa humanidade não se entenderem, nós continuaremos nesse labirinto."

Segui perguntando: Com tantos problemas enfrentados pela humanidade, parece que nossos amigos espirituais têm focado muito a energia no Brasil. Conforme dito no livro do Chico, *Brasil, Coração do Mundo, Pátria do Evangelho*. E curiosamente nós estamos em um lugar onde a bandeira é Ordem e Progresso, mas falta "Amor", de acordo com a frase original. Como a ciência com o espiritual pode colaborar para resgatarmos o amor na nossa sociedade?

"Não é uma pergunta de difícil resposta para o conhecimento da ciência espiritual, que se conecta com a ciência material. Pensamento é energia. Segundo informações preciosas, não existe força mais poderosa no Universo do que a prece da mãe pelo filho. Muito bem, se a ciência da espiritualidade já está nos demonstrando isso, me parece que quando ela se aproximar da ciência da materialidade uma série de problemas estarão solucionados. Se eu penso no bem estou trazendo para mim energia positiva, se eu penso e pratico o mal, estou trazendo para mim energia negativa. E essa energia negativa se acoplando ao meu organismo físico fatalmente gerará doenças. Então, quando falo 'energia positiva', estou pensando na energia do amor."

Então essa energia do amor ela pode levar a uma facilitação da eliminação de doenças?

"Sim. Jesus provou isso. A saúde física é importantíssima para os mentores espirituais que acompanham nossa evolução, comandados pelo Cristo planetário Jesus. Se eu como médico somente sei tratar do casulo, e a vida tá na borboleta, quem é que ta cuidando da borboleta? Médicos que me acompanham. Feitos, assim como nós, de átomos, porém átomos e plano de vibração mais elevado. Uma ciência assustadoramente mais complexa e mais profunda do que o que podemos imaginar está à nossa frente. Como entenderemos essa ciência? Aí vem o auxílio das informações, por exemplo, na Gênese de Allan Kardec e pessoalmente das informações que eu captei dos meus colegas desencarnados, teletransportados e materializados. A responsabilidade que assumimos é tremenda, estão sendo colocadas milhares de vidas em nossas mãos, às vezes milhões. Então nós temos que ter muito cuidado com aquilo que fazemos, falamos e pensamos. Porque isso vai repercutir em nosso componente extrafísico e ficar gravado."

Aprofundei, então, nossa conversa: Como você acha que o Brasil pode ser esse palco, esse lugar onde será provada cientificamente a vida após a morte? Como você acha que pode acontecer o processo dessa revelação? Você acredita que aqui tem os componentes necessários para que isso aconteça futuramente?

"Nós já estamos fazendo lives e apresentações no exterior para grupos espíritas que não são oriundos do próprio país para onde falamos ou nos apresentamos. Os grupos espíritas estão sendo fundados por brasileiros. Meu primeiro livro chama-se *A face oculta da medicina*, ele foi traduzido para inglês, espanhol e alemão. Estamos levando essas verdades para o planeta inteiro. Estamos habitando o coração, a pátria espiritual do evangelho, me parece isso claro. Daqui permearão todas essas verdades e mais cedo ou mais tarde isso vai correr no mundo inteiro.

A ciência vai provar que aquilo que realizamos fica gravado em nosso corpo extrafísico através da tecnologia médica. Nossa tecnologia está se tornando rapidamente sensível e chegará ao ponto em que vai detectar o componente energético vital e espiritual. A separação dos dois componentes, o físico e o extrafísico no momento da desencarnação. A quem você vai matar se não existe morte? Então é só questão de tempo, tudo isso será assunto discutido cientificamente."

Minha curiosidade era tanta que segui perguntando: Como você vê que as faculdades de medicina e de outras profissões podem inserir a importância de conhecer a si mesmo para colaborar com esse processo de elevação da consciência da humanidade que é tão necessário?

"Olha me parece que essa colocação que você tá fazendo tem um grande peso materialista. Ela exerce um poder individual em cada um de nós. Nós não temos tempo de pensar nessas coisas, nós estamos pensando no imediatismo, na atualização e nossos conhecimentos, na sobrevivência pessoal e na nossa família. Então não pensamos em mais nada além disso. Até o momento que somos acometidos por alguma enfermidade que nos obriga ficar deitados no leito. Aí passamos a ter tempo de pensar nessas outras coisas."

E quando o Senhor sente que a medicina irá avançar a tal ponto que irá impactar, por exemplo, até o ministério da saúde, quando os humanos vão compreender que a causa raiz das doenças não é apenas física, mas também mental, emocional, espiritual, como vê isso propagado de forma massiva?

"Com relação ao momento em que todas as verdades serão cientificamente comprovadas, eu não tenho mais preocupação. Porque vai acontecer no momento exato, e o momento exato nem sempre é o momento que nós queremos, mas é no momento certo. É apenas questão de tempo até a ciência comprovar todas as influências negativas de entidades extrafísicas em um planeta de provas e expiações. E se nossos responsáveis pelos recursos da saúde tivessem certeza dessas confirmações científicas? Quanto poderia ser economizado em benefício dos pacientes com essas verdades trazidas pela ciência? Não tem saída. Não consigo ver outra saída para a humanidade sem a aproximação entre a ciência e as religiões, sobre a espiritualidade. Sobre o que as religiões pregam e que é verdade, o que falta? Comprovação científica.

Tudo será pesquisado, estudado em congressos de medicina no futuro, nas faculdades de medicina. Os poderosos e expressivos médicos médiuns poderão captar as informações dos colegas que nos acompanham sobre o que aconteceu nas vidas passadas dos pacientes que nós estaremos tratando, nós teremos convicção de até onde nós poderemos ir."

Como fui muitas vezes, para a Índia fiz uma última pergunta: Os sábios antigos do Oriente da Índia falam há muitos anos sobre o poder da meditação, da respiração. Como o senhor vê essa prática milenar tão importante? Como os diretores das faculdades de medicina poderiam colocar dentro dos estudos para que isso tenha o alcance mais amplo, para que as pessoas compreendam que a gente pode também se curar? Como o senhor vê isso?

"Tenho absoluta certeza de que isso vai ser possível, só que ainda não atingimos uma psicosfera planetária que permita que isso aconteça. Estamos em evolução, precisamos da evolução da humanidade como um todo e não só um ou dois ou três, nós precisamos evoluir como um todo, modificando a psicosfera do planeta Agora, eu vejo assim, relâmpagos de grandes esperanças, por exemplo, estão sendo criados nas faculdades de medicina ligas para o estudo das espiritualidade da medicina e da saúde. Quem está criando essas ligas? *Não são a direção nem os professores, são os alunos.*

Vejo a juventude dessas novas gerações com uma evolução bem superior à minha, uma velocidade de desenvolvimento na inteligência bem mais rápida que a minha. Eu faço muitas cirurgias minimamente invasivas, a vida inteira abri avenidas nos corpos de meus pacientes, hoje entro com micro câmeras de televisão. A primeira cirurgia minimamente invasiva que eu fiz eu estava na França, a primeira que eu realizei eu demorei cinco horas, meus residentes do Hospital Universitário Pedro Ernesto da UERJ, no Rio de Janeiro, fazem a mesma cirurgia em vinte ou trinta minutos. Então tem uma evolução mais rápida, por exemplo, pela internet, pelo videogame, trabalham melhor em três dimensões. Então uma de minhas intenções é essa: direcionar meus testemunhos, minhas pesquisas a todos os interessados, mas principalmente aos mais jovens. Evidentemente, terão alcance maior que o meu sobre essas revelações que foram colocadas em meu caminho, e levarão isso muito mais adiante do que eu levei. Estou com nove livros escritos, mas uma garotada dessa, se visse o que eu vi, escreveria mais de cem livros, com a quantidade de informações que eles assimilam rapidamente e com o que está sendo trazido por nossos amigos médicos dos outros planos de existência.

190

Deixo aqui meu agradecimento pela importantíssima oportunidade que me está sendo dada, de levar informações acumuladas ao longo de quarenta anos no Lar de Frei Luiz.

Agradeço profundamente ao senhor, a todos os mentores por permitir que essa informação, que esse conhecimento, que essa luz, que essa sabedoria alcance mais e mais pessoas. Obrigado.

29. A visão filosófica do lema **"Amor, Ordem e Progresso"** para o Novo Mundo

Por **Juliano Pozati**

Ricardo, Rico, para os íntimos, é de uma sensibilidade que sempre marcou sua contribuição para o nosso trabalho. Quando idealizo os cursos e experiências do Círculo Escola Filosófica, constantemente penso: isso aqui precisa de um toque do Rico. Nunca me arrependi de seguir essas intuições.

O Círculo é uma *startup* disruptiva e regenerativa que fundei em 2017. Procuramos criar cursos e experiências inovadoras para o desenvolvimento humano. Acredito que pessoas felizes criam culturas organizacionais saudáveis, economias fortes, conscientes e sustentáveis, e transformam a sociedade de dentro para fora. Daí o ternário estrutural da nossa escola: Conhecimento, Movimento e Transformação.

Você já deve ter ouvido falar do Princípio Hermético de Correspondência: **O que está em cima é como o que está embaixo, o que está embaixo é como o que está em cima.** Quando conhecemos o trabalho que o Rico empreende sobre a restauração do lema original da bandeira do Brasil para *amor, ordem e progresso*, percebemos que havia alguma coisa entre o ternário de nossa escola e o ternário original que deveria reger a filosofia do Brasil enquanto nação. Foi um mistério que ousei tentar desvendar e compartilho com você neste espacinho reservado para minha contribuição no livro.

É verdade que grandes ocultistas do século XIX, como Papus e Eliphas Lévi, também reconheceram o poder místico do ternário. Nas escolas de numerologia como a pitagórica, o Um é o Uno, o Todo, o princípio criativo que idealiza o

Universo ainda não manifesto; o Dois, o Binário, é a manifestação criativa deste Uno no Universo que se estabelece na polaridade, na tensão de opostos que se observa em todo cosmo criado: a luz e a sombra, o dia e a noite, o positivo e o negativo, masculino e feminino. O Três é o Ternário, o princípio espiritual do Uno em meio à polaridade, é a consciência, centelha divina em nós, que reconcilia os opostos e os integra. Em Aritmologia, o três é representado pelo símbolo do triângulo △ e representa a ascensão da consciência que harmoniza os opostos em si mesma. É o símbolo da evolução. Apaixonado pelo Tarot que sou, li certa vez em Rachel Polack que do Um nasce o Dois, do Dois nasce o Três, e do Três nascem todas as coisas.

Nossa curiosidade com a força mística do Três não parou por aí, e aos poucos, nos aprofundamos nos ternários de diversas escolas de pensamento e criamos o que chamamos de **ressonância conceitual** para os pilares do Círculo. E o que pudemos perceber é que, ao utilizar o poder mágico da analogia que o Princípio de Correspondência nos autoriza, ampliamos nossa compreensão de cada conceito ao infinito. No gráfico abaixo, trouxe para você alguns desses conceitos que julgo pertinentes à reflexão deste livro.

Neste gráfico, além do lema original da Bandeira do Brasil, combinei outras quatro escolas de pensamento que nos abrirão as portas para uma compreensão muito mais profunda destes valores: Círculo Escola (Conhecimento, Movimento, Transformação), Rudolf Steiner (Pensar, Sentir, Agir), o lema da Revolução Francesa (Liberdade, Igualdade e Fraternidade), e as etapas a serem superadas para o chamado Mundo de Regeneração, explicadas pelo espírito Emmanuel, mentor espiritual de Chico Xavier (Busca da Espiritualização, Superação das Dores e Construção de uma nova sociedade).

Conhecimento

Acredito que o **conhecimento** é uma experiência íntima, pessoal e transcendental com a verdade, vivida a partir de todos os conteúdos com os quais entramos em contato. O conhecimento acontece dentro de cada um de nós, a partir do seu ponto de vista experiencial e da sua configuração de consciência. É a magia enquanto magna sabedoria. O conhecimento é acessado a partir de uma predisposição à sua busca interior. Por exemplo, você está lendo este livro porque se interessou pela proposta do título. Tudo o que estou apresentando nestas linhas são dados, informações e conteúdos que processei a partir da minha experiência de vida. Não consigo transmitir ou lhe ensinar por osmose o conhecimento que guardo em mim. Ninguém pode. Tudo o que posso fazer, parafraseando Sócrates, é provocar o seu **pensar** com os dados, as informações e os conteúdos que estou apresentando. Essa provocação vai desencadear um processo de pensamentos, e é aí, "dentro de você" ou "em você", que o conhecimento vai acontecer.

O *conhecimento* leva o ser humano à *liberdade* de olhar para os diversos saberes da humanidade e integrar em sua vida aquilo que faz sentido naquele momento da sua jornada. E esse sentido o leva ainda mais à liberdade. Porque liberdade e conhecimento se retroalimentam: Quanto mais liberdade o ser possui para conhecer, mais conhecimento tem para ser realmente livre. "Conhecereis a verdade e a verdade vos libertará", porque "o conhecimento patrocina a libertação de nós mesmos". Assim, ao conhecer, o ser pensa de forma cada vez mais livre; na liberdade se sente cada vez mais forte; e na força age melhor em sua jornada de vida, escolhendo e construindo sua felicidade todos os dias. Trilha um caminho alinhado ao princípio do *amor*. E, se quem ama conhece a Deus, conhece também a si mesmo; e aquele que conhece à si mesmo, conhece melhor a Deus. É como sempre digo e repito como um mantra: eu moro dentro do Deus que mora dentro de mim. *Aquele que não ama, não conhece à Deus, porque Deus é amor*. A *espiritualização* é a meta última do caminho do autoconhecimento, e seu destino é alinhar totalmente a nossa natureza à natureza de Deus, o *amor*.

Movimento

"Conheça o ser humano e você conhecerá o universo. Conheça o universo e você conhecerá o ser humano." O *conhecimento* gera um *movimento* interno de atitudes novas e transformadoras que se traduzem em uma postura coerente e consistente ao longo do tempo. Aqueles que o acessam se colocam em marcha de evolução interna, atendendo à *ordem* do Universo, porque se reconhecem como parte do cosmo que contemplam e se veem inspirados a viver segundo o *amor* maior. Esse mandamento nos coloca em Movimento, tanto interior, visando a nossa evolução mais íntima, quanto exterior, reconhecendo no outro a comum unidade que nos leva a experienciar a vida em comunidade. É o Uno em nós. É algo que se pode *sentir* e desperta em nós um profundo desejo de *igualdade*, onde toda diversidade dos seres humanos pode enriquecer o coletivo, sendo eles exatamente quem são, em sua melhor versão. Ao pertencer *superamos todas as dores* que temos observado em nossa sociedade.

Na interação desse movimento com a vida e com o outro, a consciência das sincronicidades nos ensina a ler as evidências do conhecimento que está se manifestando na dimensão física diante de nós, e sua integração no contexto funcional da vida. É como se tudo nos convidasse ao conhecimento que gera movimento. Mas é preciso "ter olhos para ver".

Para mim, a **sincronicidade** passa por uma experiência de construção de sentido no tempo, onde eventos aparentemente aleatórios encontram um eixo comum a partir da consciência. É quando, em um espaço de tempo, ocorre o encadeamento de eventos aparentemente aleatórios, às vezes simultâneos, que nos permite construir um senso de sentido e significado, nos levando à uma nova configuração de consciência e à uma experiência mais ampla da vida em todas as suas dimensões. É viver segundo a *ordem* universal todos os dias em nossa vida.

Transformação

Se o *conhecimento* desperta em mim o *pensar*, me faz *livre* e me *espiritualiza* à ponto de reconhecer no *amor* a identidade de Deus em mim; se o *conhecimento* gera um *movimento* interno de atitudes novas e transformadoras, onde *sinto* que a *igualdade* de direitos na diversidade humana é um caminho que atende à *ordem* universal e *supera todas as dores*, o amor em movimento se traduz na prática do bem *transformador*. Somos convidados a transformar positivamente o meio em que vivemos a partir de nossa transformação pessoal. É o *agir* em nome da *fraternidade* humana. O amor manifesto é a justa medida da porção do conhecimento que acessamos. Maior é o conhecimento daquele que manifesta amor maior. Sem essa manifestação, será impossível *construir uma nova sociedade*; sem ela, o *progresso* é impossível.

Menos palavras, mais ação!

No dia nove de abril de 2024, eu preparava as aulas do módulo Conhecimento, do curso de Introdução à Filosofia do Círculo, em um dia que me sentia particularmente exausto. Em um dado momento, me deito e sou atraído ao meu mundo interior e fecho os olhos. Mergulho fundo e vejo surgir diante de mim a figura de um homem semita, de barbas e cabelos longos, envolto em uma luz laranja que lembrava labaredas. Saúdo-o, surpreso! Ao me olhar nos olhos, ele diz:

Menos palavras, mais ação!
A ação confere à palavra sua impressão magnética.
Todo gesto é expressão do verbo:
Manifesta e dá forma à elevada inspiração.
Eu sou o Verbo, o dínamo da criação.
Eu sou o conhecimento, o movimento e a transformação.

Suas palavras reviveram em mim algo que ainda me sinto incapaz de descrever. A energia do meu corpo cresceu, minhas sombras se ergueram, e meus olhos se abriram para ver o que não pode ser contornado por palavras. Pelo resto do dia, o eco dessas palavras me desequilibrou profundamente, e quando as revisito, encontro novamente o equilíbrio.

Que o seu Verbo seja o centro de gravidade da nossa escola, das nossas famílias, da nossa vida, do nosso Brasil. Que a gente viva o Verbo em nós, em seu *amor, ordem e progresso*.

Conclusão

Depois de ler, reler e revisar muito o conteúdo deste livro que levou muitos anos para ficar pronto, a única coisa que posso dizer é que não dá para concluir um livro como este, pois o *amor* tem infinitos caminhos para se manifestar.

Como disse meu amigo Juliano Pozati no capítulo anterior, que possamos viver o verbo em nós. E para viver este verbo precisamos nos reeducar, pois somos analfabetos espirituais. A linguagem espiritual é a linguagem universal, e só consigo ler a mim mesmo e os sinais que a vida me dá através do processo contínuo do autoconhecimento.

Por isso que em 22 de abril de 2018, no Rio de Janeiro, coração do Brasil, fui inspirado a fundar a Academia Brasileira de Autoconhecimento (Abra), uma escola filosófica que tem como intenção o despertar de uma consciência amorosa, principalmente em líderes de grandes empresas e organizações, e em escolas, pois como vimos neste livro, somente com amor teremos a sabedoria necessária para vivermos em ordem-harmonia com a natureza e, assim, progredirmos.

E essa é a minha intenção principal com este livro: tocar o coração de todos aqueles que desejam ser líderes do novo mundo a serem agentes de regeneração. Se a palavra *amor* reverberar profundamente em nossos corações, fará de cada um de nós um instrumento para a transformação que a humanidade tanto precisa. Desejo que você que leu até aqui escreva o próximo capítulo deste livro, que você ajude a reescrever a história do Brasil e da humanidade com *amor*. Lembre-se: O que o Amor faria na sua vida?

Se tivesse que chegar a alguma conclusão com este livro, diria que a conclusão é que o *amor* precisa virar moda.

Sinto que isso precisa acontecer porque hoje qualquer tipo de Modismo é egocêntrico e sem amor. Tudo que está na moda é exclusivo, separatista, e gera competição. Por que os produtos de luxo, como carros, roupas, bolsas, jóias sempre falam nos seus comerciais sobre exclusividade? Para que você se sinta único, o melhor, e isso gera uma série de consequências inconscientes: inveja, ciúmes, comparação, ganância, ódio, raiva. Precisamos pensar o efeito que o "estar na moda" tem sobre o ecossistema e sobre o comportamento das pessoas. Para estar na moda muita gente destrói o outro, derruba florestas inteiras, mata animais, coloca fogo, corrompe e passa a perna no outro.

Até acredito que a moda ainda pode salvar o mundo, se o *amor* se infiltrar nesse sistema. O *amor* tem a infinita capacidade de virar moda por meio de roupas que usem materiais sustentáveis, de carros elétricos e com biocombustíveis, de casas integradas à natureza, ou de qualquer outro projeto sustentável que visa a inclusão. Porque o *amor* pode se manifestar de infinitas formas, mas no fundo ele não tem forma.

Ter status ou uma posição elevada em nossa sociedade precisa urgentemente ser ressignificado. Uma pessoa de alto escalão deveria ser aquela que é capaz de ser o maior exemplo de amor, solidariedade, humildade, compaixão, alegria, honestidade, fraternidade e cooperação. Todas as profissões deveriam ter amor e compaixão em suas ações.

A humanidade não aguenta mais tanta competição. Como Dalalai Lama diz: "O planeta não precisa de mais pessoas bem-sucedidas. O planeta precisa desesperadamente de mais pacificadores, curadores, restauradores, contadores de histórias e amantes de todos os tipos."

Os valores da nossa sociedade estão totalmente invertidos. Há uma distorção generalizada. Tudo que gira ao nosso redor é baseado no Ego. A doença se espalhou tanto que não percebemos o quanto estamos doentes. Nos tornamos prisioneiros de nós mesmos e nem nos damos conta. Achamos comum viver atrás de grades e com cercas elétricas, e chamamos isso de "liberdade". Para tirar férias é comum ter que ser revistado e passar por raio-x. Isso é liberdade?

A humanidade precisa de pessoas extremamente bem-sucedidas no amor. Quando temos amor no coração, somos prósperos em todos os sentidos, pois temos o bem mais precioso que não tem valor e que nunca vai faltar. Toda escassez e miséria que vemos no mundo vem da falta de amor. Por isso que o Amor precisa virar moda em todos os setores da nossa sociedade.

Na maioria dos relacionamento, o que hoje as pessoas chamam de amor, é posse, é ciúme, é controle, é expectativa. O amor é livre. É preciso despertar a consciência para que o amor real transborde por todos os lados e comece a limpar a contaminação da mente egocêntrica.

Na economia, se o amor virar moda, transformará o dinheiro na ferramenta mais poderosa de criação dos nossos verdadeiros sonhos. O sonho de todos é o mesmo, ser feliz, viver bem e com saúde! Só seremos realmente felizes se todos forem felizes, pois somos *um* biológica, mental, emocional e espiritualmente. O vazio interior que um bilionário sente é porque quase toda humanidade ainda se sente vazia, vazia de amor. Se realmente houvesse amor, os bilionários não estariam tão ocupados em gastar dinheiro para colonizar Marte, mas fariam de tudo para ajudar aqueles que ainda sofrem aqui mesmo de fome ou de qualquer outra coisa.

Temos que nos realizar no amor. Para receber amor, temos que dar amor. E dinheiro também é uma manifestação do amor, pois o amor é a essência da vida.

Na política, se o amor virar moda, sairemos dos interesses egocêntricos e pensaremos sempre coletivamente. Um governante amoroso pensa primeiro nos outros, pois ele foi feito para ser um servidor público, ele serviria os outros com amor. Não haverá mais partidos políticos, mas sim cooperativas políticas que através de diferentes pontos de vista se escutam e se complementam.

O amor faria com que incluíssemos mais representantes dos Povos Originários e do Povo Negro em cargos políticos. Consigo até imaginar um dia uma liderança feminina indígena sendo presidenta do Brasil e sendo respeitada e escutada com amor. O amor no coração dos políticos ousaria não apenas incluir o AMOR na bandeira. O Amor abriria espaço para a possibilidade de bandeira ter na sua geometria elementos sagrados dos povos originários para honrar todos que estavam aqui antes. Na educação, o amor ajudará a desenvolver as virtudes e os dons de cada ser humano. Nas empresas, o amor nos tornará mais autênticos, mais íntegros, para que possamos ser em essência o que somos. Todos temos uma missão a desenvolver, e as empresas deveriam ajudar nesse desenvolvimento, no crescimento do *ser* humano. A capacidade de empreender está em todas as pessoas. Todos podem ser líderes de si mesmos, mas enquanto não descobrimos isso de uma forma coletiva, a educação e as empresas deveriam nos ajudar para que descobríssemos o nosso papel no mundo. Esse papel é sinônimo de liberdade.

Todos queremos ser livres, por isso o amor tem que virar moda. No novo mundo o amor será visto como tendência. Cuidar da Amazônia, plantar árvores, reciclar o lixo deveriam virar moda, assim como o Divino que habita o coração de cada ser humano, a luz, o cmopartilhar, a gratidão, para além da sustentabilidade e da compra de orgânicos. Por isso sonhei e continuo sonhando que o amor tem que virar moda permanentemente. Que todos possamos ser *um* de novo. Assim resgataremos o *amor* na bandeira como único caminho para a *ordem* e o *progresso*. E então compreenderemos a missão que está no Hino Nacional: "Brasil, de Amor Eterno Seja Símbolo."

Agradeço profundamente à você leitor que está colaborando com este propósito.

Ricardo Cury

Sobre o **organizador**

Ricardo Cury é formado em relações internacionais pela FAAP-SP e tem se especializado em filosofia, meditação e autoconhecimento desde 2012. Já conduziu cursos, retiros e palestras em mais de 30 cidades no Brasil, América Latina e Europa.

Esteve 11 vezes na Índia para estudar e levar grupos como tradutor para fazerem cursos na Oneness University - Ekam, escola renomada de filosofia e espiritualidade localizada em Chennai, na Índia. Tem uma relação bem próxima com os povos originários da Amazônia, principalmente com o Povo Huni Kuin e Yawanawa, com quem compreendeu que o resgate da conexão com a natureza é seu principal propósito.

Fundou a ABRA – Academia Brasileira de Autoconhecimento, uma escola filosófica que tem a intenção de despertar a consciência amorosa em nosso país, através de cursos e palestras que proporcionam a reconexão com a nossa essência.

Ricardo tem ajudado os brasileiros, principalmente líderes, a tomarem consciência do propósito espiritual do Brasil, que está descrito no hino nacional e colaborado no processo de resgatar o Amor na bandeira brasileira, pois a frase original que inspirou o nosso lema é Amor, Ordem e Progresso.

Também é escritor e lançou seu primeiro livro Conversas com o Eu Sou em 2023.

Os cursos da ABRA tem sido conduzidos para buscadores, empresas e escolas que buscam uma nova forma de viver, tendo o Amor como princípio.

Canal do Youtube da ABRA
Academia Brasileira de Autoconhecimento

Acesse meu Instagram **@rico_cury** e Conheça os Cursos, Imersões, Programas de Liderança Consciente para empresas e Mentorias da ABRA através do QR Code abaixo:

Edição
1ª

Ano
Novembro de 2024

Tipografias
**Adobe Garamond Pro
Urbane**

Encadernação
Brochura